感悟

北京物资学院校友风采录

余 茜／主编

光明日报出版社

图书在版编目（CIP）数据

感悟：北京物资学院校友风采录 / 余茜主编. --
北京：光明日报出版社，2021.7
ISBN 978 - 7 - 5194 - 6195 - 9

Ⅰ.①感… Ⅱ.①余… Ⅲ.①北京物资学院—校友—
生平事迹 Ⅳ.①K820.7

中国版本图书馆 CIP 数据核字（2021）第 143013 号

感悟：北京物资学院校友风采录
GANWU：BEIJING WUZI XUEYUAN XIAOYOU FENGCAILU

主　　编：余　茜

责任编辑：杨　娜　　　　　　　　责任校对：李小蒙
封面设计：中联华文　　　　　　　责任印制：曹　净
出版发行：光明日报出版社
地　　址：北京市西城区永安路 106 号，100050
电　　话：010 - 63169890（咨询），010 - 63131930（邮购）
传　　真：010 - 63131930
网　　址：http：//book. gmw. cn
E - mail：gmrbcbs@ gmw. cn
法律顾问：北京市兰台律师事务所龚柳方律师

印　　刷：三河市华东印刷有限公司
装　　订：三河市华东印刷有限公司
本书如有破损、缺页、装订错误，请与本社联系调换，电话：010 - 63131930

开　　本：170mm×240mm
字　　数：290 千字　　　　　　　　印　　张：16
版　　次：2021 年 7 月第 1 版　　　　印　　次：2021 年 7 月第 1 次印刷
书　　号：ISBN 978 - 7 - 5194 - 6195 - 9
定　　价：68.00 元

凝聚校友力量，
共创物院辉煌。

王文革

以艰苦奋斗，自强不息，
敢为人先，追求卓越

《感悟——北京物资学院校友风采录》编辑部

序

运河之畔，再起新篇。2020年10月18日迎来北京物资学院建校40周年校庆纪念日。值此喜庆之际，作为一份独特而深情的校庆献礼，《感悟——北京物资学院校友风采录》应时而出，旨在记载一代代物院学子的耕耘与收获、光荣与梦想，弘扬"敢为人先，追求卓越"的物院精神，传承物院人团结奋斗、自强不息的校友文化。

40年勤耕不辍，硕果芳华。从1980年北京物资学院建立开始，一代代物院人坚韧不拔、艰苦奋斗。40年来，几代物院人秉承"厚德博学，笃行日新"的校训，发扬"敢为人先，追求卓越"的精神，为祖国培养输送了8万余名高素质人才。从这里，莘莘学子满怀壮志走出校园，扬起事业的风帆，开启人生新的远航。他们中不乏兼济天下、克己奉公的政界贤达，也有商海弄潮、实业报国的企业精英，成绩卓著的优秀学者，甘为人梯的教育名师，更有无数校友在各自的工作岗位上埋头苦干、默默耕耘。他们遍布世界各地，驰骋大江南北，成为构建祖国繁荣局面的基石和支撑民族时代精神的栋梁。他们的业绩和成就让我们倍感欣喜，他们恪尽职守、报效国家的精神更是让我们深受感动和鼓舞。

校友是社会的人才资源，也是母校的宝贵财富；校友是构建祖国大厦的基石，也是母校永葆生机的不竭动力；校友是支撑民族精神的栋梁，也是母校生生不息的无穷力量。他们的追求让我们备受感动，他们的精神让我们备受鼓舞，他们的成功让我们倍感骄傲和自豪，他们的成就让我们倍感欣喜和荣耀。

校友是母校天然的名片，我们的校友走到哪里，物院的名字就在哪里闪光。校友进步的光芒凝聚成母校建设的辉煌，校友成就的细流汇集成母校发展的海洋。校友们在各自岗位上的勤奋努力，为母校增添了光彩与声誉，每一位校友都是母校的骄傲与自豪，他们的智慧和汗水，共同铸就了母校的丰碑。校友不仅是物院办学实力和水平的直接体现，更是学校发展与进步最热忱的支持者。如今，物院校友们分布海内外，仍情牵母校，他们有的回校讲学，合作发展；有的捐资助学，慷慨解囊。他们的点滴回馈助推了学校稳健发展的脚步，他们的无私奉献扬起了学校践行理想的风帆。

我们在出版了《点悟》和《启悟》校友采访录之后，陆续采编了部分校友专访稿件，于众多物院学子中撷取了部分校友代表，编著《感悟——北京物资学院校友风采录》，使之成为一道永恒的风景。本书能弘扬物院优良传统，宣传校友先进事迹，激励物院教职工和新一代物院学子以优秀校友为榜样，激情进取，不断超越，为建设有特色、高水平应用型大学目标而共同奋斗。

目 录
CONTENTS

上篇

敢为人先　奋发有为

（1983—1989级）

成就来源于踏踏实实的积累

1983 级物资经济管理专业校友　赵建红

人物特写

赵建红，北京物资学院原物资经济管理专业校友，现任山西省地勘局经营管理处处长。

七月的太原，暑气熏蒸，山西大学校园内，毛主席的雕像巍峨矗立。来往的人群中，一个穿着衬衫短裤的人走进我们的视线。"等好久了吧！"他的脸上是平易近人的笑容，这就是我们今天要采访的物院校友赵建红。

那个年代的情谊

1983 年，赵建红以当地高考第一的好成绩被北京物资学院物资经济管理专业录取。踏进校园的第一天，赵建红略显失望，因为那是物资学院招生的第一年，全校就一个系，一个专业，一个班——40 多人，当时的校园极小，小得不像是大学校园。大一时，学生晚上在通州区百子湾仓库住宿，白天乘校车去市里上课；大二时，搬到南苑学习；直到大四，才搬到现在的物资学院所在校区。几年前，他曾回过学校，看到学校焕然一新，不禁为学校发展速度之快、变化之大深感震撼。

因为家里经济条件不好，赵建红与当时很多大学生一样，有过勤工俭学的经历。挖排水沟、植树、安装桌椅，学校的许多基础建设工作他都曾参与过，以至于现如今对校园的一草一木，赵建红都充满了感情和回忆。

大学四年，对于赵建红来说，印象最深的莫过于师生情、同学情。在当时，学校第一年招生，老师的数量远远超过学生的数量，学生都是从天南海北赶到物院求学，老师们也格外关心每个同学的发展。在学习中，他们是师生；在生活中，他们是朋友。当时，赵建红的系主任是谭广奎老师，班里同学到山东烟台实习，谭老师放心不下，也陪着一起去实地考察。赵建红笑称老师们和他们都是"铁哥们儿"，开几句玩笑都是他们日常少不了的乐趣。除此之外，同学情也是赵建红终生难忘的情谊。8311班"团结、进取、淳朴"的班风沿袭至今，班级同学时常联系，那是属于那个年代的情谊，也成了现在各自生活中的一部分。赵建红回忆道，有一位江苏的同学，父母都是教授，家境虽不算很富裕，但也算小康生活。这位同学学习成绩优异，获得了学校的一等奖学金，但是她考虑到还有许多家中条件不好的同学更需要这份奖学金，就主动把这份奖金、这份荣誉让给了其他同学。这种无私、宽广的胸怀着实令人敬佩，她也赢得了另一份荣誉，成了别人一辈子感激的人。大学四年的校园情谊是赵建红至今都用不尽的人生财富。

谆谆教诲，句句生花

谈及校园学业与工作的过渡阶段时，赵建红告诉我们，在学校学习不仅仅是学习知识，因为存在以后工作与所学知识不对口的情况，所以学习知识的方法比学习知识本身显得更为重要，这也就是我们现在提倡的"再学习"，掌握了更高效的学习方法也就意味着拥有了比他人更强的学习能力，这对我们未来的工作是非常有利的。

另外，兴趣是最好的老师，喜欢什么就做什么，只有感兴趣才会愿意做，一定要多钻研自己感兴趣的事情。赵建红对计算机方面非常着迷，利用工作的闲暇之余学习计算机，最终也算小有所成。许多他自行设计并编辑的软件被广泛应用。

在谈到如今的大学生时，赵建红提醒他们，一定要先做人，再做事，后挣钱。初入职场，一定要勤奋有礼貌，不能眼高手低、好高骛远。上级交代下来的工作一定要做好，多用心，戒浮躁。不要总是想着走一些所谓的捷径，只要自己工作做得好，自然会有人欣赏你。在生活中也要如此，出去打工、兼职或者社会实践等，也许是简单枯燥的小事情，也一定要踏实做好，不要抱怨、浮躁。

　　没有什么路是白走的，没有什么事情是白做的，这些看似无意义的事情，都是成长的基石。人生是一步步积累的过程，没有哪一个人能有一步登天的可能。现在走的弯路，遭受的苦难，都是为了让我们可以更好地成长。

知识与为人同样重要

1983 级物流专业校友　韩英奎

人物特写

韩英奎，北京物资学院 1983 级企管系物流专业校友，现就职于辽宁省地勘局。

知识要专而精

交流中，记者想起曾经参加过的一场辩论赛，"大学生知识'广'更好还是'专'更好"，于是便请教了韩英奎。韩英奎说："我认为知识要专而精。在工作中，能力与报酬是相匹配的，而现在的大学生越来越多，就业负担越来越重。大学之所以分院系、分专业，甚至同一个东西也会分不同的方向，而不是像初高中那样，每样东西都要学，这说明社会和国家想培养更专业的人才，而不是什么都会又什么都不怎么精的学生。同样，没有过硬专业知识的大学生在社会上也是很难找到比较好的工作的，你想，领导交给你一个任务，而你又不能很好地完成，企业凭什么给你高薪。所以，学习要学透彻，而不是'浅尝辄止'。"

而物院正好就是个很好的例子。比起那些重点名校，物院规模不大，人数也不多，但如果拿物流管理专业、期货管理专业来和一些名校抗衡，也不会比他们差多少。所以，物流学院变成了特色办学，专注于物流，在物流业有着响当当的名声。而说起期货专业，那更是"期货界的黄埔军校"。同样的，对于一个人来说，人的精力和能力总是有限的，当你把所有的力气都用在一个地方时，那足以抵得上一个"金刚钻"的威力。

学习要劳而灵

韩英奎强调最多的还是学习。他说："课内知识是理论知识，固然重要，还得学好，但也要适当地、尽可能多地拓展课外的知识，同时可以很好地运用到实际当中。"现在很多大学老师在教授过程中忘了实际，没有更多地让同学们从实践出发去理解理论。这样的课堂显得有点单一而不充实。然而，遇到这样的老师，我们也不能将知识止于课内，课外的拓展和实践非常重要。大学还是以自学为主，所以很多东西需要自己去探索、去学习，做一个有想法、会思考的大学生，这才是大学时期该有的个人成就。

遇事不乱，有条不紊

韩英奎为我们讲着他的故事，沉稳、冷静，这是这么多年来他在深入职场中慢慢练就的气质。他说："不论做什么事，不论遇到多么紧急的情况，越急躁就越做不好，甚至会让事情变得更粗。而且，作为管理层，你必须让你的员工感到心安，首先要让他们不能恐慌，而合理传达这份信息的办法就是你要冷静、顾全大局。古语有云'欲速则不达'，也有俗语说'心急吃不了热豆腐'。这都是告诉我们，遇到事情要不慌不乱，沉着冷静，这样才能又快又好地找到解决事情的办法。"

笔者手记

有文化，不仅仅是指懂得书本中的知识，更是指由阅历、眼界、常识和思维方式构成的整体精神气质，是一个人由内而外化于行的品质。韩英奎用他的经验告诉我们，在生活中不只是学知识，学会为人处世也很重要。知识是立足之本，为人是交往之源，两者共兼，才会在生活和事业上行走得一帆风顺。

专业源于专注，创新来自潜心

1985 级管理工程系校友　陈芒

人物特写

　　陈芒，北京物资学院 1985 级物资管理工程系机电专业校友，近 300 项国内外各种专利发明人，深圳市福田区首届"杰出人才"，深圳市福田区 2019 年"福田英才"，中科声轻生活智能语音标准实验室副主任，《家电用离线中文语音识别模块技术规法》标准起草专家组组长，全球三大设计奖之 iF 设计奖得主，2020 年中央电视台科技频道专访人物，两项"中国企业新纪录"缔造者，五项"深圳企业新纪录"缔造者、银奖得主，深圳市超维实业有限公司创始人、董事长，深圳市轻生活科技有限公司创始人、董事长兼首席设计师。

　　2017 年 9 月 20 日晚上，在北京物资学院校友办的办公室，我们采访了刚下飞机的陈芒师兄。陈芒师兄给我们看了一些非常特别的新产品，那是他准备第二天带去中科院给声学研究所科学家们演示的智能语音交互产品。陈芒师兄很自然地跟我们谈起这么多年来他的创新历程，谈起那令人惊叹的将近 300 项的专利以及发明这些专利背后的故事。

奇妙的第一个创新：将一句口号变成一个商机

陈芒于 1989 年毕业，由物资学院分配到深圳市物资总公司工作，在国企工作一年半以后便辞职下海，走上了跨界创新之路。

中国改革开放之初，深圳的理念走在了全国的最前面。深圳的"拓荒牛"袁庚在蛇口提出"时间就是金钱，效率就是生命"的口号，对中国人的思想观念产生了越来越大的影响，这句口号在当时最能代表深圳精神，并且成为在全国各地广为流传的一句口号。陈芒从这句口号中发现了一个特别的商机，于是找了几位在深圳上班的从深大、人大、华南理工毕业的中学同学，利用业余时间设计并组装了一批非常特别的石英闹钟：将美金、英镑、法郎等各种花花绿绿的货币图案设计成闹钟的装饰面板，非常直观地传播了"时间就是金钱"这种深圳理念。产品一经推出，大受市场欢迎。首战告捷，陈芒一下子就喜欢上这种很有意思的跨界创新工作，并将其确定为今后的事业发展方向。

开创企业定制礼品模式

1993 年，陈芒创办了深圳超维公司，最早的办公场地和生产场地的总面积只有 96 平方米。主要业务是从台湾引进语音报时器散件在深圳组装。陈芒研究了客户的需求，创造性地在产品表面上丝印上客户的企业名称和 LOGO，使其成为客户各种会议的纪念品，解决了当年很多企业开会找不到合适纪念品的问题，从而开创了中国最早的企业礼品定制模式。

1995 年，陈芒与深圳最早的工业设计设计公司蜻蜓工业设计合作，以防空雷达概念设计了一款语音报时万年历，推出之后立即受到市场热烈追捧，成为当年中国礼品界的爆款产品。

风靡北美的迷你电话机和广告电话机

20 世纪 90 年代末，随着中国集成电路产业的迅速发展，很多原先被美国、日本、韩国所垄断的集成电路迅速国产化，成本大幅降低。在发现电话机的拨号器芯片和振铃芯片成本只有一年前的 1/3 之后，陈芒迅速地设计并推出了可放在手心使用的全球最小的迷你电话机，来电会发出青蛙叫声、猩猩叫声、鸭子叫声的青蛙电话机、猩猩电话机和大黄鸭电话机，一时间风靡了整个北美市场。

陈芒乘电梯时对触控按键的工作原理产生了兴趣，经过深入研究之后，设计了一款广告电话机，将铜箔隐藏在薄薄的广告板上，用人体触控感应方式拨打电话号码，广告板上可以设计各种夸张的图案，这款产品成为当年各种化妆品商家的新宠。这种创新的广告电话机很快就受到美国广告商的热烈追捧，成为一种新概念的促销礼品。

解决了困扰全球钟表界的难题

2005 年，陈芒任深圳市钟表行业协会副会长期间，深入研究了全球市场上各种指针式和数字式台钟之后，发现了一个长期以来一直困扰着钟表界的问题：如何低成本解决既要方便用户夜间查看时间，又不会因可能存有亮光而影响用户睡眠质量，并且不会因额外耗电而缩短电池使用寿命。陈芒发明了一种巧妙的声控方法，可以轻轻敲击摆放台钟的桌面，或轻触台钟的任何部位，或者在台钟附近拍一下巴掌，即可触发台钟的背光灯 5 秒，让用户极为方便地查看时间，然后自动关掉背光灯以节省电源及避免影响用户的休息。2006 年 1 月，陈芒带着应用了该发明技术的新设计产品去参加德国法兰克福消费品博览会，引起了欧洲大买家的强烈兴趣，参展第一天即接到 60000 台的订单，《深圳商报》还特地对此创新成果发了一篇新闻报道。随后，应用该项创新技术设计出来的产品还有幸成为深圳市政府的外事礼品，由出访外国的深圳市市长送给了冰岛总统、柏林市市长和瑞士钟表名城巴塞尔市市长等外国政要，后来该产品还被烟台北极星钟表集团的钟表馆所收藏。

制定多项企业标准

2006 年，陈芒还将 FM 收音机微型化，并称之为"迷你收音机"，用极具创意且做工精美的产品外观、立体声的音质、极高的性价比，以及可按照客户要求丝印各种商标和广告语等各种创新的做法，率先将该创新品类的产品引入国内外礼品赠品市场，对当时国内外礼品赠品市场的迅速发展起到一定的推动作用。

在设计和制造迷你收音机、迷你电话机、语音报时钟等创新产品的过程中，陈芒发现这些品类缺乏相应的标准，市场极不规范，因此起草了上述多项新品类的企业标准，后来国家的数字钟质量标准中，有相当多内容参考了陈芒起草的《语音报时钟企业标准》。

"一指禅"触控开关技术首开在台灯应用的先河。2007 年，陈芒首创将人体感应开关技术应用在 LED 台灯上，并给该技术起了一个传神的名字，叫作"一指禅"，该技术可完全取代传统的物理开关，用隐形的触控开关来控制台灯的开灯和关灯，以及灯光亮度的调节。这一创新应用因具有新颖、方便、成本

低等明显的优点，对整个 LED 行业影响极为深远，从那时起直到今天，触控开关调光按键已成为整个 LED 灯具行业的标配，陈芒设计的触控按键符号也成为业内用得最为广泛的触控开关符号。

"无影手"凌空感应技术风靡礼品界。2008 年，陈芒从红外感应水龙头的工作原理中受到启发，发明了一种通过双向红外感应器获取信号的凌空感应开关和调光技术，应用在 LED 台灯上，实现了挥挥手即可开灯关灯，手略停在台灯上方即可调亮或调暗灯光，陈芒给这一技术起了另一个好玩的名字，叫作"无影手"凌空感应技术，用该技术设计出来的创新产品成了当年全国最火爆的电子礼品。陈芒坦言，无论是"一指禅"触控开关技术还是"无影手"凌空感应调光技术，都是来自生活中对身边事物的仔细观察和思考，都是一些微创新，但是能给人们的生活带来很多便利，因此虽是小创新，却有大市场。

发明"旭日东升"自然唤醒灯

2010 年，陈芒通过对人们的睡眠和唤醒过程的细致研究，发现人们每天早上最痛苦的事情就是睡得正香时却被刺耳的闹铃声惊醒。因此，陈芒发明了一款声、光结合的自然唤醒灯，能通过灯光由弱至强逐渐亮起，鸟叫声由小声至大声逐渐响起，将人们从深睡眠到浅睡眠逐步唤醒，最后自然地醒过来，避免了强刺激，实现了健康的自然唤醒。该产品由于理念先进，设计超前，被商务部选定为第 108 届广交会的开幕式纪念品，赠送给参加开幕式的中外贵宾。

"伊丽莎白"语音灯助推中国物联网产业

2016 年，陈芒设计了一款可以与人们进行流畅对话的语音交互台灯——"伊丽莎白"智能语音灯，新品一发布，立即成为物联网行业内吸引眼球的爆品。该语音交互台灯在引人关注的同时，也给整个物联网行业的从业者带来极大的启发：在传统产品上加上流畅的语音交互功能，竟然可以变得如此智能！

这款产品的上市，对语音交互技术在物联网行业中的广泛应用，起到了极大的推动作用。

互联网语音交互台灯荣获 iF 设计大奖

2017 年 3 月，陈芒设计的"至爱小播"互联网语音交互台灯荣获全球三大设计奖之一的德国 iF 工业设计大奖（2017），该奖有"设计界的奥斯卡"之称，主要是颁发给全球范围内能够推动社会发展的优秀设计。

提出"智能家居微网"概念，推动智能家居产业发展

陈芒师兄在最近几年，利用自己多年积累的跨界创新经验、丰富的发明专利和实用新型专利技术，组建了一个以语音交互技术应用为主要方向的研发中心，提出了"智能家居微网"的概念，致力于用语音交互技术打通人机之间的最后一米，让物联网世界以人为中心，实现"智能家居操控，就是一句话的事"，用语音交互技术帮助传统产业的升级，助推物联网世界快速发展。

陈芒在接受采访的最后，总结了他多年来一直能够不断创新的经验。他说，一个人如果能够长期专注于某一个领域，不断学习和研究，10 年、20 年之后，一定能成为该领域的专家；另外，还要善于观察身边的人和事物，潜心研究生活中的点点滴滴，发现很多被别人所忽略的用户痛点，而解决这些用户痛点的办法，往往就是你的发明和创新，里面蕴藏着巨大的商机。

陈芒师兄还告诉我们，在大学期间博览群书，尽量拓宽自己的知识面和眼界，或者对自己感兴趣的学科深入钻研，对今后人生的发展，往往会有令人意想不到的帮助。

规划人生，路在前方

1985 级材料管理工程专业校友 肖建军

人物特写

肖建军，北京物资学院材料管理工程专业 8521 班学生，现任湖北省人力资源中心方阵人力资源集团副总裁、九三学社湖北省委员会省直四支社的组织委员。

校园中的乐队生活

肖建军给人的第一印象是成熟稳重，但是他在大学里却是一名吉他手，他说在大学时光中除了学习生活，吉他陪伴了他四年。肖建军回忆起那个时候，没有专业老师的指导，只能自己拿着乐谱弹奏。当时物资学院还没有类似大艺团的学生组织，他们只能自己请外面的老师来做指导，在食堂里弹奏表演，到相邻的二外、传媒、财贸等学校进行表演等。他回忆起乐队时满脸的幸福，讲起大学生活中偶尔会有不开心的时候，他就拿着他的吉他弹奏，有一次坐在校园的假山上弹奏了一整晚，望着天空享受着音乐。

平凡而不乏的道路

1989 年肖建军从学校毕业，被分配到湖北省物资局下属的燃料公司工作，然而由于 20 世纪 90 年代初期整个物资行业经营呈现下滑趋势，被看作"铁饭碗"的工作单位却在 1996 年解散。很多人都选择了下海经商，离开了当年的体制，肖建军也离开了，开始跟着朋友工作。

在漂荡两年后，肖建军觉得这样终究不是长久之计。1998 年，湖北省人才市场刚好有一个招聘，肖建军参与其中并且顺利地进入湖北省人事厅的人才市场工作，这一开始便是八年。直到 2006 年，湖北省人才市场要从处级单位升为副厅级单位，当时肖建军属于人才市场的招聘人员而不是其中的编制人员，所以有很多政策不利于他自身的发展。而且因为人事调动等因素，肖建军和部分同事就离开了当时的湖北省人才市场，和原主任共同创办了现在的公司——湖北省人力资源中心方阵人力资源集团。目前他在方阵集团工作也是八年了，他说在这八年间并不是一帆风顺，尤其在2007—2009年，公司发展比较困难，因为组建公司的时候向别人也借了不少钱，但是因为"跟对"人，所以工作起来十分有动力，公司在近几年具有很大的发展潜力。

人力资源没那么简单

从1996年开始从事人力资源工作的肖建军也给物院的学生们提出了不少建议。

首先，参加工作的时候要选择"三对"，一是选对行业，要知道自己在未来想从事什么行业，做什么样的工作；二是选对公司，在选对自己所从事的行业下，了解行业相对靠前公司的规模和业绩；三是跟对人。

其次，在岗参加工作的时候，要踏实肯干。肖建军告诉我们，从学生到员工真正的转变需要五年的时间。在这其中，第一，需要在心理上逐渐适应；第二，积极面对，时常和他人、和自己交流；第三，深入地了解相关工作，在企业中往前走。这往往就是我们参加工作历程中最艰苦的五年。

最后，肖建军告诉我们，选择工作的时候一定不要一味地寻找"500强"企业，成熟的公司和发展中的公司都是有前途的。我们需要根据自己的实际情况，寻找适合自己的行业和工作。

精彩对话

问：您觉得现在的学生有必要在大学的时候做职业规划吗？

答：当然，这个问题问得非常好。因为我做了16年的人力资源方面的工作，让我有了很多体会，在学校的时候我们缺乏规划这种意识，甚至可以说是空白，其实这对于我们很不利。当时我们毕业以后有分配，不存在没有工作的问题。但是不管是分配还是自主工作，有一个职业规划还是非常必要的。

规划实际上不必非常细化，但必须要把参加工作的几个步骤和阶段要规划下来。

问：您觉得如果您是一个招聘人员，您需要怎样的人才？

答：我们最需要的是踏实肯干的员工，像我们公司之前招聘了一个大学生做暑期实习，他认为给档案编码这种工作无法让他在实习中得到锻炼，总是消极对待。我们就会认为这是一个浮躁的员工，并不合格。

问：您认为"500 强"企业和一些中小型企业有什么区别？

答：我认为，首先，"500 强"名称好听，其次，"500 强"企业刚开始工资起点较高。这是吸引毕业生很重要的两点，但是这样的大企业压力比较大，并不是所有人都能够承受，并且大企业对于人才的培养十分局限，使人很容易产生疲劳感，而且机会会比较少，不是所有人都有足够的耐心。

然而中小企业对人才重视程度高，虽然刚开始待遇一般，但是锻炼机会很多，如果我们把机会折合成人民币那会比大公司值得多。原来说师傅带徒弟，不仅不给钱还收钱，其实毕业生就是徒弟，假设大家这样思考，成长的机会就比较大了，职业发展会比较迅速，对于工作能力的提高有很大的帮助。我想这就是"500 强"企业和中小型企业的区别。

笔者手记

生活总是千变万化的，只要我们的心中有对未来的蓝图就会有自己美好的生活。肖建军，用他的经历让我们知道，人生是需要规划的。无论发生什么，只有初心不变，方可抵达期待中的未来。

志存高远、脚踏实地，砥砺学行登高峰

1985 级管理工程系校友　何京源

人物特写

何京源，1985 级管理工程系校友，籍贯北京市西城区。现任中景恒基投资集团文化事业部总经理、中国民族建筑研究会副秘书长。1985—1989 年就读于北京物资学院管理工程专业。1989—2000 年在中国机电设备总公司任职期间，获得"先进党员"和"先进职工"称号；2000—2010 年在一汽大众、一汽丰田经销商任职期间，专注于企业员工培训和人力资源管理，获得一汽丰田 SA（Service Advisor）培训师证书，任 TTL（Technical Team Leader）小组的成员；2015 年获中景恒基投资集团的先进职工，被评为"中景之星"。

回忆大学校园生活

1985 年的初秋，何京源也和许多年轻人一样带着憧憬进入了大学。他说，20 世纪 80 年代是我们国家改革开放拓荒发力的年代，是充满昂扬向上力量的时期，也是一个文学艺术大师辈出的年代。对于我们青春期定格在80年代这一代人来说，在青春激昂的大学校园里接受教育，是一个特别美好的回忆。在这美好的四年里，我们掌握了扎实的专业知识，结识了良师益友，更为自己的人生奠定了强大的基石。

何京源回忆道，能够来到北京物资学院，特别幸运。他说，80年代考大学的难度比现在要大得多，那个时候录取率比较低，而且是国家统包分配。当时通过高考这个独木桥是一个比较难的事情，他们班有好几位超过北大清华录取线的学生，所以在当时的情况下，作为北京生源的他，能与物院这些优秀的同学一起读书，倍感荣幸。

在物院读书时学习的专业知识令他终身受益。他说，大学学了这么多东西，将来可能会忘记，但是至少你知道到哪去找。专业的基础教会了你能够系统思考以及建立知识体系的能力，也教会了你如何终身学习。毕业后，你会掌握一套自我学习、自我整理、建立学术体系的方法。

大学期间，益友的陪伴对何京源来说最为珍贵。他说，在那个年代结识这么多同龄同学，给他留下了非常美好的回忆。即便现在他们已经毕业30年，但依然像一家人一样，特别亲切。大学的这些美好经历，对何京源来说，弥足珍贵。

职业发展

步入职场30年，何京源从国有体制转向民营企业，他一直爱岗敬业，始终坚持自己内心的追求与向往，他也一直以一种从容淡定的心态来面对一切，他强调一定要在"理想职业"与"职业理想"之间找到平衡。

1989—2000年是他初入职场的前十年，何京源历任工程机械、汽车和钢材部门科长，不到29岁被提升为经营管理部副处长，兼任中国机电设备总公司团委书记，并担任国家物资部和国内贸易部两届的团委宣传委员。在任职期间何京源校友荣获三次"先进党员"、两次"先进职工"称号。

2001年，何京源离开了国有体制，进入汽车品牌销售服务企业担任管理工作。2005年任北京京石丰田汽车销售服务公司副总经理。其间主要从事员工培训、人力资源管理和经销店之间的培训验收工作。何京源说，丰田在服务标准化方面，是有着百年历史和丰富管理经验的世界一流公司，员工职业化素质中的规范性十分重要，这一点他在丰田的管理培训中受益匪浅。

2010—2013年，何京源担任货站网络技术有限公司行政人事总监兼监事会主席。2014年开始进入"中景恒基投资集团"负责文化事业部工作，曾参与

"少数民族特色村寨""国家特色小镇"的保护发展规划工作，主持多项少数民族地区产业扶贫、特色镇区、文旅项目的组织创建规划和评审工作。

何京源很骄傲地提到，物院曾作为物资部直属的院校，给他提供了一个很好的人生起点和平台，使他在毕业后能够有一个较宽阔的视野，他非常感谢物院，感谢他的老师和同学们。

沉住气，虚心学

1985 级管理材料专业校友　徐泽木

人物特写

徐泽木，重庆璧山人，1985 级管理工程系材料专业校友，现为重庆市永航钢铁集团销售经理。

他是毕业最早的重庆籍校友，他是大家公认的大师兄，他是豁达的重庆"好男人"。"有志者，事竟成，破釜沉舟，百二秦关终属楚；苦心人，天不负，卧薪尝胆，三千越甲可吞吴。"他是有志者，他是苦心人，他更是最后的胜者。

初入职场，从小事做起

和许多大学生一样，徐泽木对毕业之后的生活充满期许。但生活往往不尽如人意。毕业之后他被分配到一家国有的金属材料公司，前三个月一点实质性的工作都没有碰，就是整天做清洁。他无数次地告诫自己，万事开头难。他以一种"低姿态，高效率"的行为准则，赢得了上级的认可。回忆起这三个月的工作，我们能感觉出他那种感激在心的情怀。正是这样弯下腰去做事情、放低姿态的经历才使他能很好地适应之后的工作。

然而现在大学生大多是独生子女，心高气傲，到了工作岗位只愿意做自己喜欢的事情。徐泽木一再强调年轻人一定要沉得住气，从小事做起，正所谓"一屋不扫何以扫天下"。光靠书本上的知识是完全不够的，要多学习从实际出发，摆脱书生气。成功的阶梯需要一步一步搭建，没有谁能一步登天，急于求成的人往往一事无成。

事业有成，要尽职尽责

换了几次工作之后，徐泽木最后来到了永航钢铁集团，凭借以前的工作经验和自身的工作能力，如今他已成为销售部门的经理。事业有成的他并没有放松对自己的要求。作为部门经理，无论是寒冷的冬季还是炎热的夏季，他基本上保证每天提前五分钟到办公室，这一习惯也带动了整个销售部工作人员的积极性。"知己知彼，方能百战不殆"是他的另一个习惯。在见客户之前，他一定会详细掌握客户的资料。他说这样才能在交流的过程中掌握主动权，察言观色、办事干净利落是一个销售人员的基本素养。

内方外圆，是他做人的准则。内方指的是做人要有原则，不能没有底线，为了利益而违背道德；外圆指的是做事要有情商，不能有棱有角，要会说话会办事。他说所谓的"为人处事"，就是先为人，后处事。为人不多说就是为人正直大方，要有信誉能交朋友。处事要有原则会变通，坚持没有错，但不能在错误的道路上执迷不悟。

我想也正是因为有他这样一位尽职尽责的领导者，才让销售部门的业绩遥遥领先。他说他一有时间就会去解放碑附近转转，反思一下近期的工作，放松一下心情，也放空一下自己。

寄情母校，仍入木三分

谈到对在校生的寄语，徐泽木和众多校友不一样，他最希望现在的大学生能练好字。在这个科技高速发展的时代，电脑、手机渐渐取代了原本的信纸，也导致如今很多人手写的能力越来越差。他说字如其人，练字的过程中锻炼的也是自己的心智。现在太多人想要速成，走捷径，真正成大事的人要耐得住寂寞，要沉得住气。坚持练字能锻炼这个品质。

此外，他还谈到了朋友和婚姻。大学生一定要借助学校这个平台广交、多交朋友，但不是交损友，而是交那种知心的、真正能给人帮助的朋友。

婚姻这件事可能离我们这个年纪的人稍微远了点，但是徐泽木还是想将他所有感悟都和大学生分享一下。他说两个人在一起一定要性格合适，对于男性来说要想事业有成，有一个贤内助很重要。徐泽木说有个好老婆是男人一生中最大的财富。

精彩对话

问：您觉得在校生要注意什么？

答：多去实践，要有良好的心态，量入为出，但是也要平衡好实践和学习的关系。现在社会上很多人都说学习不重要，但学生的本质就是学习。一定要守住底线，内方外圆。信誉很重要，做事要留余地，在自己没完成这件事之前话千万不要说满，给自己留一条退路。还要多看新闻，了解国家、世界的整个局势。还要多与父母沟通，多学习，不要仅仅局限于本专业。要多交、广交朋友。这些对日后找工作都会有帮助。

问：您已经工作了 25 年，那您对即将毕业的学生有什么经验可以分享吗？

答：我一般都对人说六个字，"接地气，沉住气"。一般情况下刚刚毕业的毕业生都会面临各种各样的问题，解决就业的问题还得关注如何与单位的同事相处。在单位要脚踏实地，一步一个脚印地向前走，慢不可怕，那种急于求成的才是最可怕的，而往往这种人到最后都是一事无成的。

问：您对简历有什么要求？

答：不要多，一页就够了。思维很重要，要简明扼要，如果能写好字可以手写简历，反其道而行之，做到与众不同，给人留一个难忘的第一印象。

笔者手记

一见到徐泽木就能感觉到他是个雷厉风行，很严肃的人，一口气就和我们叙述他的经历和经验，也能看出他为人的直爽和待人的诚恳。"沉住气，虚心学，胜不骄，败不馁"，这十二个字是他成功路上的准绳，值得我们每一个人学习。

情系物院　寄语学子

1985 级会计系校友　鲁远强

人物特写

鲁远强，北京物资学院 1985 级会计系会计专业校友。16 岁考入大学，毕业之后一直从事销售行业并一直是行业精英中的核心人物，担任四川校友会的理事。

"销售界的舌头果然不一般"，今日见到健谈的他我们不禁感叹道。一见到我们，他的话似乎是源源不断的，快言快语中还不失幽默，人都说销售是一份不好做的工作，他是如何拥有今日的成就，背后他付出了多少，我们迫不及待地要开始与他的对话。

浓浓师生情

鲁远强非常健谈，第一次见面就给人留下非常深刻的印象，只是通过之前的一些短信和电话联系，他竟记住了采访小队所有人的名字。他总是说趣闻讲笑话，大谈三国及各种名著，分析国际形势，我想这应该是销售行业必备的技能，而他真是天赋凛然。当时在校园里低调的他只是担任了一个围棋协会副主席，这位战无不胜的围棋高手当年还经常去北广（现中国传媒大学）寻找棋友，和他们约战，他说还曾与央视原主持人李咏一起下过围棋。说到物院的老师时，他的脸上露出了得意的笑，嘴里连说非常棒。从他的讲述中记者了解到 1985 年入学时，正是物资学院建校初期，学校运转非常艰难。而当时物院的老师们放弃了更加优越的工作机会留在物院，并倾其所有潜心教学，对学生们非常关心爱护，给予了他们很大的帮助。在谈话过程中，能体会到从他心底油然而生的感谢和对物院的浓浓情意。

当然，鲁远强不是那种所谓的书呆子，他会利用自己的休闲时间，去结交许多的朋友。俗话说得好，在家靠父母，出门靠朋友。母校让他结识了形形色色的人，让他知道性格不相仿的人也可能成为朋友。当朋友兴高采烈地说着那些你并不感兴趣的事时，请一定要学会聆听；当朋友的无心之谈伤害到你的感情时，不要记恨。

明日更辉煌

虽然北京物资学院并没有那些高等学府为人称道的名声，却有着属于它的一份平实和美好，它同样给予学生知识，赋予学生力量，教会学生做人的道理。明日的物院会更加辉煌，这是每一个物院学子的共同愿望。鲁远强说人一辈子只上一次大学，每一个学子都会对这所大学有很深的感情。为母校的建设，出不了钱，出力也是好的，鲁远强激动地谈到，他非常愿意尽自己所能为学校做贡献。

回望 30 年的时光，校园培养着一代代风华正茂的人们走向属于他们的崭新旅程。而这些人，或功名有成，或平凡无奇，却拥有着同样的交集，那便是他们的母校。鲁远强希望每一个物院学子都能为母校的明天贡献自己的一份力量。此外，建议学校不要盲目扩招，要注重招进来学生的质量，扩招在一定程度上是以降低分数，放低标准和要求为代价的，高校扩招也会使学校的教育管理难度加大，管理事物增多，教学资源紧缺。因此，建议学校要稳定发展，不能盲目地追求数字上的增长，只有稳步协调发展，学校才会有更好的发展。学校能发展得更好，会让每个物院学子为之骄傲。

精彩对话

问：您认为大学生在大学期间最重要的是什么？您最看重什么呢？

答：大学最重要的是培养学习能力。一定要培养自己的学习习惯和学习方法。举几个例子，87 级学生会主席侯晓鑫，会计专业，毕业后只准备了半年就当上律师。我认识的一个 87 级机电专业学生准备一年多就通过了注册会计师考试，目前是事务所首席会计师。在大学，学习知识很重要，学会学习知识更重要。

问：您对于目前大学生的时间分配有什么建议吗？

答：我个人认为，60% 要用在学习上，30% 可以用来参加实践活动，另外，10% 可用来娱乐。当然，这比例也不是绝对的，我主要是认为，学生还应该以学习为主，但也不能两耳不闻窗外事只顾学习，也要多参与社会实践和学生活动，培养自己的处事能力和与人交流的能力。

问：您认为刚毕业的大学生工作后应具有的品质是什么？

答：仔细、负责、认真、少说话。现在的大学生太浮躁，好高骛远，不能沉下心来做事情。他们需要好好历练，只有在每个基础岗位上踏踏实实地做好了，才能一步一个脚印地往上走。

问：您认为当代大学生和您那个时期的大学生有什么不同？您对此有何看法？

答：按照发展的观点来看，当代大学生肯定比我们那时候强。直观的感觉是，当代大学生思想更为开放，思维更加活跃。应该说，这是社会进步的表现。现在的环境比我们那时候好多了，无论是软件还是硬件，因此，当代大学生更应该好好珍惜，努力学习。

笔者手记

一步一个脚印，踏踏实实地走好每一步，这是鲁远强给在校生的中肯建议。现在这个物质丰富的社会，会使人们有太多的欲望，一颗浮躁的心容易使人迷失方向，丢掉最初的梦想。因此，人们要及时调整自己，踏踏实实地工作，不要好高骛远。

跨行发展　自学成才

1985 级材料管理工程专业校友　颜毅

人物特写

颜毅，北京物资学院 1985 级管理工程系材料专业校友。2003 年进入复旦大学管理学院工商管理专业学习，2005 年获得硕士学位。大学毕业后，在江苏省金属材料总公司资源部工作，1992 年出市苏州商品交易所，作为"红马甲"从事期货工作。此后曾在上海钢联电子交易有限公司、苏物期货等多家公司担任高管，现为东兴期货副总经理。

"如果你爱一个人，就让他去做期货吧；如果你恨一个人，就让他去做期货吧！"对期货，颜毅爱过恨过。

大学穷开心

颜毅入学的时候，北京物资学院管工系刚刚从北京经济学院的管工系脱离出来。他至今都非常清楚地记着当时的班号——"8521、8522"。当时，物院的条件非常差，作为第一届物资部培养学生，1985 级学生也非常少，大家都认识，很团结。8521、8522 是一个大班，60 人左右。在毕业 20 周年聚会的时候，来了50 多个同学。这是挺难得的，其中还有一个同学千里迢迢从新加坡赶来。大家对大学的生活都充满了怀念之情。

在大学时期，颜毅爱好书法，他创办了当时学校的书法联谊社。刘富存处长给社团的"书以载文，文以载道，书法联谊，永世长存"的题词，令他至今都记忆犹新。

"毅"立在期货圈

本科毕业后，颜毅被分配到江苏省金属材料总公司资源部，从事钢材贸易。1992 年，由于改革开放，江苏省发改委和苏州市物资局合办苏州商品交易所，进行期货行业的改革试点。当时国内的期货才刚刚开始，期货行业的整个大环境都还未规范化，相关制度欠缺。由于专业比较接近，因而公司派他从事期货交易工作。也就这样，他真正开始与期货打交道。

他和当时大多数的中国人一样，对期货可以说是一无所知。最开始，虽然交易所在期货方面有专门的培训，通过这些培训，他对期货有了初步了解。但当时公司也只是把期货当作获取信息的工具，并未了解其实质。这让他觉得"是被公司放在了一边"。他回忆说："虽然待遇还不错，可总觉得自己需要干些什么。"也正是基于这种想法，在1993年的3月5日，他成交了中国第一笔钢材期货标准化合约。1994年，他成为江苏省金属材料总公司期货部经理。

在江苏工作的日子中，他经常出差，与家里人也是聚少离多。后来，苏交所撤销，他和爱人于2002年迁居上海，在之后的几年中，他在多家电子商务公司从事经济管理类工作，可最终还是离不开期货。2010年，他在东兴期货有限责任公司担任副总经理，并工作至今。

颜毅的职业生涯是跟中国整个期货行业息息相关的。他这几十年的奋斗史在一定程度上也反映出我国期货行业的发展情况。从一开始根本不了解期货，慢慢地对期货有所认识，到现在愿为期货奉献一生，这是身为期货人的一种骄傲。他说："我这个职业生涯，尽管有很多的变迁，但和期货都有着不解之缘。"颜毅对于期货业有着他的执着和努力。

精彩对话

问：在这几十年的职业生涯中，面对大起大落您是如何调整心态的？

答：一个主要原因是年轻，初生牛犊不怕虎，敢闯敢拼，所以就挺过来了；另一个是心态，心态是在工作中不断磨炼的。

问：您对母校有什么期望与建议吗？

答：希望母校将期货做强做大，就冲着"全国第一品牌"去做。和一些名校进行差异化竞争，这应该是一个突破口。

问：当您回想起您大学生活的点点滴滴时，最深的感触是什么？

答：四年的大学生活，不光是学到了专业知识，更重要的是学会了如何做人，以及自我学习的能力。

笔者手记

机遇是留给有准备的人的，如果换成我们，在刚刚接触新鲜事物的时候，会不会坚持走下去呢？颜毅告诉了我们他的选择。一个学习材料管理的学生，通过一个偶然的机会接触到期货，一如既往地努力。

坚毅个性 成就梦想

1986 级材料管理工程专业校友 彭鑫

人物特写

彭鑫，北京物资学院 1986 级物资管理工程系材料管理专业校友、郑州鹏宇特钢有限公司总经理、河南省商务厅商务预报专家组专家、《现代物流报》特约分析师、河南校友会会长。

艰苦创业，执着追梦

踏入彭鑫学长的办公室，首先映入眼帘的是挂满墙壁的各种荣誉证书：钢铁营销 50 强、河南省优秀钢铁物流企业、全国知名钢材营销企业、本钢特钢产品优秀代理商、济钢棒材优秀代理商……敬佩之余，我不禁想到，在这些荣誉和成功的背后，彭鑫学长付出了怎样的艰辛和汗水？在接下来的采访中，彭鑫向我们讲述了他不平凡亦不平坦的创业之路。

在那个包分配的年代，彭鑫很幸运地被分配到河南省物资厅，进入当时工资福利都非常好的河南省金属材料公司，遗憾的是在那个年代他没有社会关系，只能到仓库做保管员。

他坚信是金子在哪里都能闪光，无论在哪个部门工作都要兢兢业业，做出个样子来。他用实际行动践行自己的信条，经过虚心求教和刻苦钻研，他用两周时间就熟练掌握了仓储所有的流程与操作。由于成绩优异，3个月后被破格提升为组长，10个月后他被调往办公室工作。在办公室工作期间，他用自己的聪明才智，打开了企业智能管理新局面。自己动手编程，实现了工资电算化；同时在工作中不断改进业务电算化系统，得到了领导的高度肯定与赞扬。在国有企业工作期间，彭鑫学长收获了无数的荣誉：多次获得仓库优秀员工，省金属公司优秀员工、优秀共青团员，物资厅优秀共青团员，河南省省直机关优秀共青团员称号。

彭鑫来自河南农村，由于没有过硬的关系，在国有企业努力工作八年最终也未能如愿成为省公司的销售人员。计划经济与市场经济并轨之后，钢材市场发生了翻天覆地的变化，尤其是亚洲金融风暴以后，生产资料的经营环境突变，这给有志之士提供了千载难逢的机遇，他决定自主创业。

根据当时国有企业那种"脸难看""事难办"的服务环境，他领会到"服务"是第三产业成长与发展的核心，提高服务是当务之急。他决定创建一家能为顾客提供优质服务的贸易公司，郑州鹏宇特钢有限公司应运而生。

公司以"优钢、特钢"经营为载体，以"优质服务"为核心。他提出了"售前咨询答复清楚、准确、详细。售中接、装、送一条龙。售后服务到位迅速，解决及时"服务理念，以"供货及时、质量保证、价格合理、服务完善"为服务宗旨，迅速得到广大用户的青睐。

经过自己的打拼和努力，公司迅速成长为中原地区优特钢经营的龙头企业。在创业的道路上，学长经历了2006—2008年上半年的钢材暴利时代，也饱受了2008年下半年钢铁暴跌的痛苦。

工作二十余年，创业十多年。回忆起走过的路，彭鑫的言谈中没有获得成功的喜悦，亦没有经历挫折的沧桑。平淡而温和，是他留给我们最深的印象。

求学生涯，故事颇多

同创业历程一样，彭鑫的求学道路也不平坦。中考那年，学长取得了全县前十名的好成绩。由于家境贫寒，父亲想让他报考师范学校，以便早日毕业，减轻家庭负担，然而他的理想是读县里最好的高中，然后考大学。父子俩心里都充满了矛盾，经过辩论与交流，父亲才同意学长报考高中，最终学长以优异成绩进入了河南省重点中学——淮阳中学，1986 年学长同样以优异的成绩考入了北京物资学院物资管理工程系。

谈起母校，他满怀深情，感慨物院的老师真的特别好。在那个交通、通信都不太发达的年代，师生之间交流的时间比较多，相处很融洽给他的人生留下了很多美好的回忆。毕业后很多老师依然保持着同学长之间的联系，关心他的工作生活，令他非常感动。

饮水思源，回报母校

作为物院河南校友会会长，学长非常热心于母校的校友事业，最近几年学长经常回母校给学生讲一些企业发展的经验，令大家受益匪浅。他认为物资学院的经历是他人生中一笔非常宝贵的财富。无论现在还是将来，学长都时刻记着他是物院人。"在我的每一份简介里面，我都会在第一条写上毕业于北京物资学院。"他温和的语气里透露着骄傲。事业有成，不忘回报母校，无论走到哪里，都不忘记自己是物院人，这样的物院学子，怎能不让人敬佩。

精彩对话

问：您作为河南校友会的会长，常回母校与学弟学妹们分享人生经验。那么您认为我们现在应该坚持什么样的信念？

答：我认为在学校学的知识远远是不够的，还需要大量的实践，应该学些企业经营真正需要的东西。我自己一直坚定的信念：给自己定目标，一年、两年、五年……也许你出身不如别人好，通过努力，往往可以改变 70% 的命运。破罐子破摔只能和懦弱做朋友。你们要把握好自己的人生。

问：以您在社会这些年的经历来看，您认为社会究竟需要什么样的人才？

答：社会需要的人才很多，社会有的人才也很多，我们缺少的只是中间的沟通。好多人经过熟人介绍就找到好的工作，而企业不一定就找到需要的人才，或者说企业不知道哪个人是我需要的，与我的要求相匹配。企业了解他们只能通过那张简历，在那张简历上写的未必是我想知道的。再者，你简历上写的我是否就信，你是真的把这份工作当成你的职业选择还是只是先找个落脚的地方呢？

问：您觉得一个企业家最重要的能力和品质是什么？

答：一个企业家最重要的能力是充分发挥每个员工的主观能动性，让大多数员工开心工作，最重要的品质是勤恳工作，不斤斤计较。

问：根据您的经验，您认为我们这些在校学生现在最应该珍惜或把握的是什么？最不应该做什么？

答：最应该珍惜的是声誉，某种意义上声誉比生命更重要。上学首先要学会如何做人，最不应该弄虚作假、好高骛远。诚实守信、辩证思维、敢于创新、自信自强是学生应该具备的素质。

笔者手记

从求学到工作再到自己创业，彭鑫向我们讲述了他求学路、工作路、人生路上的点点滴滴。透过他朴实平淡的语言，我们看到了他遇挫折时不放弃、获成功后不自喜、登高后不忘本的品质。

永葆一颗年轻的心

1986 级企业管理专业校友 温道猛

人物特写

温道猛，北京物资学院 1986 级企业管理专业校友，除了专业学习，温道猛又先后自学了计算机、法律，知识让温道猛不断充实，充满朝气，精神饱满，这是一个已近中年的人独有的年轻状态。

学无止境，乐在自然

在大连这座海滨城市，我们采访了温道猛。温道猛不仅是一个热爱学习的人，也是一个兴趣爱好很广泛的人，在温道猛的身上，我们并没有嗅到中年人的那种安分，而是满满的朝气和正能量。

温道猛于 1986 年高分考入北京物资学院，当时的温道猛是一位学霸。1986 年的学生，考大学的难度极大，但是温道猛却以高分考入。按当时的国家毕业包分配的政策，只要考上大学毕业后国家就会分配工作，可是温道猛还是认真地学习，不断地充实，而且在大学期间自学了计算机，创立了物院的第一个计算机兴趣社团。计算机在当时那个年代，算是相当新鲜的东西。温道猛说："我很喜欢计算机，对于喜欢的东西我都很喜欢钻研，所以这也是我毕业以后职业方向变动的原因之一。"

温道猛是物院老一辈校友，对于物院多年前的样子再熟悉不过了。当年的物院，在这几届学生的印象中，无一例外是校外大片的玉米地和静悄悄的乡间小路，更有久久散不去的物院情。那时候，大学生还没有那么多娱乐项目，除了上课读书学习，农忙时利用课余时间帮周围农户掰玉米成了众多学生的一大生活趣事。冬天的时候，天气格外冷，学校的人工湖会结一层厚厚的冰，打陀螺、滑冰、摔跤等各种各样淳朴的娱乐活动让寒冷的冬天热情不减，这在那个物资匮乏的年代存留下了不一样的回忆。

崇尚自由，由心而生

毕业后，温道猛选择了远去大连，从事国际物流工作。问及为何选择大连这个城市时，温道猛的回答简单明了："我是一个喜欢大自然的人，也是一个崇尚自由的人，所以年轻的时候想做什么就由心而做了，我觉得大连是个气候宜人的城市，自然会居住得比较舒心。"由心而做，温道猛是这样说的，也是这样做的。经历多年的国际物流实务后，温道猛深切感受到法律在我国经济发展和深入改革开放中的作用和趋势，结合自身的性格特质，触发了潜藏于内心的对法律的浓厚兴趣，于是做了一个大胆的决定：自学法律，并于 2000 年一举通过了全国最后一届律师资格考试（之后国家改为司法资格考试，现国家根据依法治国的国策，又改为法律资格考试）。律师资格考试对于我们现在这些法学专业的学生来说，都是很难通过的考试，一度又被戏称为全国最难考的考试，但是温道猛在毕业多年后通过自学顺利地通过了律师资格考试，从 2002 年起成为一名执业律师。自此，温道猛在律师执业上不断深耕和求索，将"不再让当事人打官司并致力于此而努力"作为座右铭，并于 2013 年年底成为大连仲裁委员会的仲裁员。

难道成为律师后的温道猛就不再学习了吗？不，在温道猛的信息表上，学历那一栏清清楚楚地写着：在职研究生毕业。学无止境，在温道猛学长的身上，完完整整地体现出来了。除此之外，温道猛还是民盟盟员，可能很多人对民盟盟员还很陌生，但经过我们进一步的了解，才发现温道猛的优秀不止于学习。中国民主同盟是中国共产党领导的爱国统一战线的组成部分，是中华人民共和国现有的民主党派之一。中国共产党通力合作的参政党，主要由从事文化教育以及科学技术工作的高、中级知识分子组成。温道猛在学习之外又不忘用自己的知识为社会的发展尽一份薄力。

工作之余，温道猛热爱户外运动，常常在户外挑战自我、释放压力。攀岩、划水、徒步、爬山，温道猛样样不差，尤其酷爱着滑雪、登山，喜欢在草原、辽河边策马驰骋。正是因为对大自然的热爱，温道猛去过很多地方游玩、欣赏美景。他说："我去的地方虽然不会被大多数人知道，但是风景绝对优美，值得一去，也值得再去。"温道猛还很自豪地和我们分享了他的中国户外运动的计划。他说："中国这么大，一定要走出去，好好看看，领略祖国的美景，感受在路上的美好时光。同时选择一种或者两种自己钟爱的运动来作为自己事业发展的调和剂。"

工作经历描述

1. 1990 年 8 月—2002 年 3 月，在中国储运大连分公司、大连仓储国际货代公司等大型央企和地方国企作为总经理助理、国际业务部长期从事物流实务管理与经营工作 12 年。

2. 2000 年 5 月获得最后一届全国律师考试资格后，于 2002 年 4 月至今，作为执业律师，执业 18 年，现为辽宁昭明律师事务所合伙人，其中，2004 年 7 月—2009 年 10 月期间，兼职受雇于富士康科技集团即台湾的鸿海集团，参与建立烟台园区和营口园区，分别作为人力资源管理和供应链管理的课长，主管人力资源管理实务（含劳动争议调解仲裁）和供应链管理的采购、运输等。

3. 2011 年 5 月 1 日，获得独立董事任职资格证书。

4. 2013 年 12 月至今，被大连仲裁委员会聘为仲裁员和该委法律服务顾问团顾问。

5. 2014 年 11 月至今，被中国物流与采购联合会（即中国物流学会）聘请为特约研究员，并作为专家参加评审了多项物流项目与课题的评委工作。

6. 2014 年 8 月至今，兼任辽宁省律师协会劳动专业委员会委员。

7. 2015 年 2 月至今，兼任大连律师协会物流海商专业委员会副主任。

8. 2016 年 1 月获得"大连仲裁委员会第五届优秀仲裁员"称号。

9. 2017 年 1 月至今，作为大连市财政局采购专家参与了多起项目的评标与论证。

10. 2012 年至今，作为大连市法律援助中心的兼职律师，承担了多起可能判处无期徒刑以上刑罚的刑事案件辩护和农民工、城镇低收入者的劳动争议案件代理，热心而积极致力于法律援助事业。

11. 执业期间先后担任大连中远物流、大连集龙物流有限公司、上海环东供应链有限公司等多家知名物流航运企业，大连长之林科技发展有限公司、大连天源工业有限公司、大连盛兴水产品交易市场有限公司等内外资企业，大连西岗区政府等政府机构法律顾问，成功解决了大量疑难诉讼/仲裁案件和公司治理、股权/资产兼并购等非诉专项案件，很好地打通了民（商）事法律关系、行政法律关系和刑事法律关系的边界，用管理的链条为当事人提供利益最大化、更合时宜地解决纠纷方案。

专业领域研究及成果简介

1. 2009—2010 年，正值金融危机之时，承接大连工商联会的课题，为会员企业调研，形成了《金融危机法律风险防范报告》。

2. 2011—2012 年，为大连环东物流有限公司双 D 港物流中心筹备建设提供从规划设计到建设竣工等一整套的法律咨询、合同起草修改、争议解决等法律服务。

3. 2013—2014 年，受大连仲裁委和大连市物流协会的委托，主导调研大连市物流协会会员企业法务状况，参与起草并形成《大连市物流协会会员企业法务健康体检报告》，该报告获得了大连市领导、仲裁委领导的首肯，更获得了物流协会会员企业的一致好评。

4. 2014 年，因主导中国物流学会（即中国物流与采购联合会）《无车承运人法律制度研究》课题报告，获得中国物流学会三等奖。

5. 2014 年，参与编写由大连仲裁委主导的《您身边的法律顾问百问百答》一书，由大连理工大学出版社出版。

6. 2016 年 10 月—2017 年 7 月，受大连仲裁委员会和大连仓储协会的委托，与其他专家一道主导起草了《大连市仓储协会仓储合同示范文本》（格式一、格式二）。

笔者手记

温道猛说："学习，永远是我们最正确的选择。只有不断地学习，才能发现学习的乐趣，才能发现生活的乐趣。"就像读的书多了，心自然就广了。

知识 + 努力 = 成功

1986级企管系校友　赖红英

人物特写

赖红英，北京物资学院1986级企管系企业物资管理专业校友，现担任厦门某混合制企业行政部经理。

赖红英在社会打拼多年，人生阅历丰富，毕业后自行应聘到某知名台资企业工作，为后续的职业之路打下了坚实基础。在她看来每一份工作都是一次挑战，每一次挑战都会有一分收获。

印象母校，勤奋向上

当我们问及对学校印象最深的事时，她想起了她刚走进校门时扎着马尾辫、满脸好奇的样子。她说，首先，觉得大学的生活环境很好，有一种家的感觉，很温馨，让她倍感亲切，让她慢慢地爱上了这所学校。其次，学校为大家营造了一个良好的学习氛围。

她来自一个普通的县城，没有背景没有关系，始终相信"知识 + 努力 = 成功"。在学校提供的这样一个公平纯净的环境下，她拼搏奋斗最终取得了全系第一名的好成绩，拿到了一等奖学金。当她取得这个骄人的成绩时，她非常兴奋与激动，这件事让她印象非常深刻。

优秀的她不仅学习成绩优异，而且全面发展。在学校期间，她担任班级里的文艺委员，经常组织大家参加一些文艺活动，很大程度上丰富了她的大学生活，教会了她如何在做事情时全盘考虑，如何与老师、同学去沟通和协调。这些活动给了她很大的锻炼。关于理论与实践相结合，她说这是非常有必要的。读书需要我们自身的天赋与努力，而工作不仅仅靠知识，更多需要的是实践。她在大学暑假期间，曾经自己去找一家单位体验工作，给了她很大的收获。后期她也和同学去相关单位实习。这些对于塑造她的个人能力起到了至关重要的作用。

奋斗江湖，宝贵建议

大学四年很快结束，当初那个略显幼稚的小女孩经过大学的历练已经成熟许多。毕业后，赖红英的首份工作是自行应聘到某知名台资企业。经历过该企业严格的军事化管理以及完备的教育培训体系，她收获良多，为她后面的职业之路打下了坚实的基础。每一份工作都是一次挑战，每一次挑战都会有一分收获。多年的社会打拼，较为丰富的人生阅历，让她成为单位的中间骨干，可以算得上是一个成功的人。作为前辈，她对我们在校大学生有几条宝贵的建议：

第一，在什么样的阶段就要做什么样的事情，学习阶段就要好好学习，努力奋斗，做好学生的本职，不辜负家长、老师和学校的期望。正所谓"活到老，学到老"。只有学习才会有竞争力，学习力就意味着竞争力。

第二，除了学习，业余时间应该多参与社会实践，丰富自己的人生阅历。例如，主动竞选学生干部，参加各项活动等。只要参与就会有感受，就会有收获。不要惧怕失败，因为失败是成功之母，也是宝贵的人生经验。举一个具体的例子：如果作为一个大学生去面试，你的经历、你的积累，会给面试官一种自信的展示，这些都是锻炼而来的。

精彩对话

问：您对学校校友工作的开展有什么建议？

答：第一，搭建一个平台，促进校友联系沟通，共享各方面的信息。未来社会不是个人的竞争，而是团队的比拼。第二，学校可以定期举办一些论坛峰会，制定一个相应的机制，促进校友工作的开展。比如说电子商务论坛等。第三，要能紧紧地抓住未来的趋势，要站得更高看得更远，让校友工作的展开迈向更高的台阶。

问：您对校友会和学校有怎样的期待和寄语？

答：希望校友会成为一个家，能够帮助所有的校友共同成长。大家齐心协力，把校友会做得更好。对于学校，我想说，希望学校可以办成一所国内知名的特色型学校，为国家培养更多的人才，为社会做出更大的贡献。

笔者手记

赖红英之所以成功与她的努力不可分割，正如她所相信的，"知识＋努力＝成功"。大学四年转瞬即逝，在这期间我们要分清主次，在什么阶段应该做什么，应该学到什么。所谓听君一席话，胜读十年书，今天采访赖红英令我们受益匪浅，为我们的大学生活指引了方向。

知行合一 随心而动

1986 级企业物资管理专业校友 杨晓东

人物特写

杨晓东，北京物资学院 1986 级企业物资管理专业校友，现任深圳市恒鑫海投资总经理。杨晓东毕业后分配到电力物资部门工作，但由于自身性格的原因，同时也看到了证券市场蓬勃发展的机遇，毅然决定离开，投身证券市场。从1993 年到深圳投资证券，已经走过了整整 20 个年头，经历了两次牛市和三次熊市，几经沉浮，如今已能用淡然的心态来面对市场的风云变幻。

历经沉浮 淡然处之

杨晓东离开电力物资部门后，就来到了深圳。他的第一桶金是 1993 年刚来深圳时，把自己准备结婚的三万块钱都投在市场上，买了深发展这只股票，收益很不错，每股由 62 元涨到了 70 元，但到 1994 年又跌到 5 元，这是他第一次遭遇熊市。到了 1995 年，两年大熊市结束，他就又把六七万投进市场，每股 10 元买的平安银行，还没一个月就涨到 20 元，这使他有了一些积累。如今，杨晓东与合伙人一起成立了工作室，做起了私募，投资于证券和期货市场。

杨晓东从步入证券市场开始，经历了两次牛市和三次熊市。说起熊市，他告诉我们最厉害的还是 2008 年那次全球金融危机，在不到一年的时间里从 6000 点跌到了 1000 点，他说只能用麻木来形容自己当时的状态，那样的熊市无疑是刻骨铭心的。还有两次熊市是 1994—1995 年和 1998—1999 年。他从单位出来一开始是做散户，经历了熊市以后，感觉自己的知识积累不够，熊市结束后就到了中信证券上班，2006 年牛市结束以后又出来，正好赶上一波大熊市。尽管这样，但是他说并不后悔，作为一个证券投资者，光经历牛市不行，真正锻炼心理要经历牛熊市两个来回，心理才能够成熟起来，只经历一个都不够。

行业展望　理性分析

杨晓东认为就目前中国的程序化交易发展程度来看，有一个非常大的短板，就是同质化，一个模型研发出来，大家相继使用，短期内就会失效。但他同时也指出，在程序化交易发展的大趋势下，研发程序化交易又是必须的，因为客户有这个需求，市场有这个需求，而且以后这个市场会更大更好。他说程序化的研发最难在于耗时，要检验、要调试，要随时根据市场变化进行调整，而且做程序化研发的人与计算机必须要结合得非常好。目前的状况恰恰是懂计算机的人不一定懂证券期货，懂证券期货的又不一定懂计算机，两个都懂的人太少了。人才问题将会是影响中国程序化交易发展最主要的障碍。

谆谆教诲　志存高远

杨晓东说北京物资学院的学生就是市场上的"小强"，适应性特别好，做事情比较踏实，在这方面比很多学校都要好，这也是刚工作的大学生一个非常重要的品质。他还提到，正常来说，应届毕业生应该是在市场部门上做了一段时间以后再去搞产品研发，刚一毕业就去搞产品研发，没有经验肯定是不行的，但现状是搞研发的在拉客户，这也是市场不成熟的一个方面，人才过于短缺，市场发展又太快。总而言之，基础就是做市场，有前辈的带领是积累经验最快的方法。

最后，他向在校大学生提出了要求，大学生还是应该从基础的、最踏实的工作开始，不要怕简单，好多事情都是从最基础开始的，要一步一步踏实做好。专业设置只是一个基础，毕业后并不一定从事相关职业，但是把这个基础学好以后，做别的工作肯定要比其他人适应得快。

亲身亲历　加入公益

2006 年杨晓东和爱人在一次去丽江旅游的途中顺路去玉龙县鲁甸乡看望爱人的侄子王益，他放弃了中科院植物研究所的研究生学业去玉龙做支教助学活动，王益是云南大学植物系毕业考上了中科院植物研究所的研究生，出生在陕西汉中一个农村家庭，父母供养他上大学非常不容易，家里人对他的这个决定非常不理解。当杨晓东夫妻和来自深圳的两位朋友一起从丽江包车前往鲁甸乡颠簸了 5 个小时之后，看到一家傈僳族的家庭住的是四面透气的木房子，家中除了几口灶具和被褥之外，几乎再也没有其他东西，孩子裸身穿着棉袄，12 岁的姐姐学习非常好，没有办法只能放弃学业帮家里干农活。看到这个情景之后，杨晓东立刻理解了自己侄子所做的决定，同行来的深圳两位朋友几乎拿出了自己身上所有的现金交给了这个公益组织。原来因为所学的专业原因，王益经常要到大山深处里去采集植物标本，当他看到居然还有比自己家乡穷苦的地方，很多少数民族地区存在严重的失学现象后，决心以自己的微薄之力帮助这些人。

2014 年 4 月湖南通道独坡乡看望支教老师；2014 年 4 月湖南通道独坡乡看望支教老师；2007 年玉龙鲁甸看望被资助的贫困小学生；2007 年玉龙鲁甸走访傈僳族失学儿童家庭；2020 年 9 月云南丽江玉龙五中助学金发放；2020 年 9 月云南丽江鲁甸杵峰完小助学金发放。

于是杨晓东在网上以 BBS 论坛的形式，将自己看到的现象发表在网上。没想到迅速有 50 多人加入进来，为节省经费帮助更多的孩子，王益决定放弃自己的学业成立 OFS 公益组织专职来做这件事情。从 2006 年开始，除了做好投资之外，杨晓东随 OFS 加入了民间公益的助学教育工作，每年开学后一周走访助学点，发放助学款和奖学金，考察走访需要资助的孩子家庭情况。足迹已经遍布全国 9 个省，20 个县，近 30 个助学点。杨晓东在协助 OFS 每年的经费、助学款筹集，宣传志愿者的事迹等方面做了大量工作。截至 2019 年 12 月，这个公益组织已捐赠图书 100000 余册，年度结对、奖助学生 1000 余人（多为纳西族、傈僳族、彝族、苗族、土家族、侗族、族壮、瑶族等少数民族），派出支教志愿者400 余人，1000 余位乡村教师到苏州、上海、北京参与培训。项目点覆盖全国 9省 20 余县市 100 余个学校的 2 万余名少数民族师生。2019 年度支出 460 万人民币。2016 年，杨晓东代表 OFS 领取了深圳市青少年发展基金会"最佳公益伙伴"奖。

精彩对话

问：目前大学所学的知识和实际工作是有一定差距的，您怎么看待这个问题？

答：工作和学校里的知识是完全不一样的，实战和课本中的知识是两个样，但学校里的也要学好，因为这是一个基础，工作中马上就会用到学校里知识的那一点点，但就那一点是非常重要的，有可能就是那一个公式或者老师教的一句话会受益一辈子。我当时是在实践中慢慢地意识到，真正在赚钱的时候，得意忘形的时候，不会想到这些东西，只有不好的时候才会落在你心里，只有自己一个人坐下来痛苦地想一想。

问：能不能跟我们分享一下您的投资心得？

答：说到操盘经验和心得，只能泛泛地说一下，说实在的自己做了20年现在都不敢说做得很好，还是经常犯错误，市场变化得太快了。在期货市场上不在于你挣得钱多，在于一个策略是不是能够一直坚持下来。这个市场上不怕你挣再多的钱，关键是你要有策略，就是把钱挣到手，长时间稳定的收益是最难做到的。

笔者手记

尽管只是短短一个小时的采访，我们却仿佛跟随着杨晓东的话语历经了市场的起起落落。最让我印象深刻的是他对待市场变化淡然的态度，当我们问起他遭遇熊市时是否后悔离开公司，他坚定地说没有。这样的心境是模仿不来的，更是无法手口相传的，我想应该真的只有在经历之后再去面对它，才能真正克服心理上的障碍，成为一名理性的投资者。

体育创业是另一种生活方式的选择

1987 级材料管理工程专业校友　张登祥

人物特写

　　张登祥，北京物资学院 1987 级管理工程系材料管理工程专业校友，现任北京嘉华盛和钢铁贸易有限公司董事长，北京物资学院北京校友会会长、北京物资学院校友会副会长。

　　据了解，百马荟（北京）体育文化有限公司（以下简称"百马荟"）成立于 2015 年，以赛事、研学和旅游为主线，分别对应形成了"荟跑""荟学""荟游"三大品牌，其中，"跑动金融圈"更是成了"荟跑"中深受金融圈人士好评的精品赛事。张登祥强调说："虽然'荟跑'在形式上是一项体育赛事，但实际上其中包含着许多的文创属性。"致力于打造金融圈体育人文交流平台，才是百马荟体育的愿景。

以体育诠释文化，以文化彰显体育

"这个市场迟早会回归到平静状态，2017年下半年赛事数量增长势头的放缓证明了这一点。"祥戈（即张登祥）说，体育产业只有与文化对接，挖掘出深层次的文化创意理念，才能够长久发展。

他以全球六大著名马拉松为例指出，历史最悠久的波士顿马拉松、声势浩大的纽约马拉松、组织优秀的芝加哥马拉松、风景优美的伦敦马拉松、群众参与性最高的柏林马拉松和与城市融为一体的东京马拉松，它们正是因为各自不同的特色和迥异的文化，持续吸引着世界各地的跑者。

正是因为清楚地意识到体育赛事需要强大而丰富的文化内涵作为后盾，祥戈在创办百马荟初期，就对企业有着不同的期许："同样是跑步，我希望把跑步打造成有文化的体育产业。每一场活动都有一种文化在里面，可能是金融文化，可能是历史文化，也可能是艺术文化。"他相信，体育融入文化的创业方向是正确且必须坚持的，但与此同时，也要认清自己的目标和能力，"自己到底要做什么，能做什么？是创业者必须思考和解答的问题。因为群众的眼睛都是雪亮的，他们消费一次达不到预期后，是不会消费第二次的"。

在祥戈看来，体育与文化的嫁接，不仅能够在商业上支撑体育产业的可持续发展，还能实现更多的社会影响力和价值。"将百马荟打造成为文化产业里的实体公司，通过组织赛事活动等服务产品，让大家在消费的同时收获愉悦和健康，养成长期运动的习惯，直至能够带动身边更多的人去运动，这是我们希望看到的局面。"

打造中国金融圈的体育人文交流平台

作为国内首家金融圈体育人文交流平台，百马荟不仅抢占了行业的先发优势，在成立四年的时间里，公司还围绕金融圈人群进行调研，更新现有项目，吸引了越来越多金融人士和金融机构的关注。目前，围绕"跑动金融圈"和"金戈赛"项目，以平台建设为出发点，通过金融运动会，以及活动结束后的高端金融论坛、行业沙龙、慈善晚宴等线下交流机会，强化了机构、个人间的联系。

每到一处，祥戈总是将各个阶段的校友们聚在一起，让大家深度交流，并积极促成不同校友之间的合作，"跑动金融圈"已成为一家名副其实的交流平台。"跑动金融圈城市赛"是专注于金融机构、行业协会的体育营销活动，是中国金融行业影响力最大、知名度最高的赛事。通过7英里团队接力赛、巴氏5K个人赛等项目，集中展示自律、拼搏的行业品格以及精诚、卓越的团队风貌。自2016年创立以来，已在北上深杭等10余城举办了近30场次，共有千余家机构的30000多名金融跑者参与其中。

"跑动金融圈赛中赛"由跑动金融圈组委会与国内外知名马拉松赛事合作，在马拉松赛事基础上邀请金融机构组队参赛，并按照全新的比赛规则进行团队以及个人排名，促进金融跑者竞技水平的提升和全方位的交流，丰富原赛事内涵。

"金戈行"是针对商学院、金融机构等推出的特别团建项目，沙漠/戈壁拓展本身就是一个课堂，再加入领导力课程，有利于提升学员个人的综合素质以及在极限环境下的团队协作能力。这对于个人和组织在日后工作中面对类似的场景和挑战，提供借鉴和帮助。

显然，背靠着金融圈的优势，祥戈正在逐步将自己的想法变现。通过百马荟体育的系列赛事可以深度了解体育产业的运行规律和成长路径，张登祥希望有一天能回归到体育文化产业投资人的角色。"在商学院学到的金融和投资知识，使我对于如何运用金融工具来指导企业运营和管理，有了新的思考和灵感，金融是企业发展的血液，能够帮助企业获得快速成长。"他透露未来希望把自己所有的经验积累都投入体育产业链的上下游，期望可以在体育、文化的投资领域有所作为，做一个真正的"懂金融、爱跑步"的人。

体育创业是一种生活方式

张登祥是从最为传统的贸易企业转到体育文化领域的，对这次创业，显得颇为平和，他笑称："这次转型不是选择另一种挣钱方式，而是选择了一种生活方式。"他说是跑步改变了他的生活习惯和态度，也促成了他事业上的新篇章。

幸运的是，张登祥不仅通过跑步改变了自己的生活方式，还将这一爱好当成了事业，他通过跑步找到了文创产业的切入点。公司成立之初，他就清楚地认识到，如果仅仅从商业角度运营体育赛事太过狭隘，"以体育诠释文化，以文化彰显体育"，百马荟应该承载更多的社会责任，用体育文化的正能量影响更多的群体。

精彩对话

问：您认为在大学生活中我们最需要累积的是什么？

答：一是要横向学习，纵向发挥。二是人脉关系很重要，注重同学之间的关系，克服身上的娇气和毛病，更要在发生问题时相互了解、相互包容。三是多参加社会活动提高自己的能力。

问：您刚才说人脉很重要，那您能否给我们分享一下如何才能交到真正的朋友呢？

答：我认为交朋友要做到五个字——"仁、义、礼、智、信"，意思是要做一个宽厚、仗义、有礼数、有智慧、讲诚信的人，每个人都有自己的特长，从上述五个方面去认识一个人并学习其长处，这不仅仅是选朋友的标准，也是我对自己的要求。

问：您对学校的发展有什么建议或期待吗？

答：我希望学校要抓住行业的脉搏。从大的方面来说给国家培养更多的人才。从小的方面来说，学校是我们的母校，我们希望学校发展得越来越好。学生入学前以物院为荣，希望毕业后的学生能让学校引以为荣。

笔者手记

两个小时的采访结束了，真切感受到了张登祥是一个乐观向上的人，在生活中温情、在工作中热情，不论什么时候都记得自己的目标，负责任地对待一切。他给我们的校友工作提出了中肯的意见，认为我们应该注重校友资源，有机地把大型活动和校友联系起来。以学校搭建的平台为主，可以与这些平台同企业连接起来共同发展。校友们都希望回报学校，帮助师弟师妹们，让学校办出自己的特色。张登祥对在校的学弟学妹提出了希望：要做创新有活力的大学生，明确自己的目标，定位好自己的人生角色。

行大事不拘小节

1987 级企管系校友　邱风

人物特写

邱风，北京物资学院 1987 级企管系地质物资管理专业校友，辽宁大连人。邱风豪放、不拘小节，具有十足的人格魅力。1968 年出生的他至今没有止于现状，他仍不懈奋斗，准备下海经商，打拼自己的事业。

初步接触，魅力感召

今年暑期，校友志愿团辽宁小分队的记者奔赴大连寻访校友，在与邱风联系预约采访的时候，邱风热情地回答"来吧，没问题，来了再说"。到了采访当天，校友志愿团记者们按约定时间抵达了预约地点，刚下车还没来得及寒暄，邱风学长说："走，进去再说！"那种准时高效的办事风格在初次接触中完全展现了出来。邱风已经安排好了采访所有流程，干练守时，毫不拖拉，是他给记者们留下的第一印象。

在记者们接下来的大连行程中，邱风一直帮忙联系大连校友，安排行程，给记者提供了极大的帮助。在接下来的接触当中，邱风这种不说废话、不拘小节、严谨认真的人格魅力深深地吸引了我们。

永不止步，辞职创业

邱风辞职前在地产行业工作，收入丰厚、有车有房，但是他没有满足于那时的安逸，他觉得现在的地产行业已远没有前几年好做，2013 年他离开了自己奋斗十年的公司，毅然辞职，准备创业。邱风是那种敢想敢做、魄力十足的人，在此之前的工作还是比较安逸清闲的，自己有很多自由的时间，可这种安逸的生活并不适合他乐于冒险的性格，于是他选择了创业这条路。

在创业初期肯定会有很多的困难，比如，如何打造自己的团队、拓宽经营渠道、进行营销管理等。邱风一直坚持着，预计今年公司就可以成立了，这其中的毅力与艰辛并不是一两句话所能说清的。

在采访过程中邱风说过这样一句话：每个人要有一个明确目标，它会使你发展更快，并且有明确目标的时候心态是稳定的。只有心态稳定了，才能成就一番大事业。因为一个稳定明确的目标是不会变的，领导或他人的评价是会随外界的变化而改变的，当一个人把对自己的评价建立在自己目标实现程度上，而不是领导或他人的评价上的时候，自己对于得失的心态也就变得稳定了，不会因为外界的改变而改变自己前进的方向，就会获得更快的发展。

现代企业的新人往往把自己工作的好坏或成就高低，与领导的评价直接挂钩，这是不对的。他们没有充分认识自己，这样便会很容易动摇自己的目标，改变发展方向，只有那些目标明确的人才会取得更大的成就。

回首看望，读书意义

在社会上打拼多年以后，邱风回过头来再看当初在大学里面所学到的知识，到底哪些是有用的，哪些是不需要的，他地记者们娓娓道来。

他说，大学是稳固一个人人生观、世界观、价值观的重要时刻，可以扩展一个人的知识面，增长自己的见识跟阅历。世界观、人生观、价值观的形成跟一个人所处的环境有很大关系，比如，你成长的环境，所遭遇的事情等，这些都影响你对世界人生的看法，奠定了你人生发展的方向。大学给予了一个新的不同的环境，促成了大家工作前对世界人生的看法，一定程度上决定了以后生活工作的态度。

现在在学校里学到的知识在社会上是不能直接体现的，除非做科研，或者成为教师。对于很多职业来说，在校学习的知识看起来是用不上的，但是说用不上又是不对的，一个人的综合能力很大程度上还取决于他读过多少书，在以后工作中需要用到某项知识技能时，至少需要知道能从什么地方获取，完全陌生的话上手就慢。在大学里学习的一个重要方面是扩展知识面，知识面不是学校给的，而是自己学的、领悟的。一个人如果不上大学，可能知识面就没有这么广。知识肯定是有用的，不需要担心你学习的知识没有展现的机会，当你的知识积累到一定程度时，它会在言谈举止当中不自觉地流露出来。只有当知识积累到一定程度，机会来临时才可以去展现自己，这也为自己创造了更好的发展机遇。

大学里一切的学习实践，都会增强我们的综合能力，而综合能力是我们所有能力运用的集中体现。在机会面前，若综合能力不匹配，那便抓不住这可贵的机会，最后一切都是徒劳的。谁的综合能力强，谁就是最后的赢家。

笔者手记

邱风最后说的一句话使我感触很深："或许很多道理大家之前都听过了、想过了，但还要记住一点：想过了几乎没用，因为绝知此事需躬行。"事情不是别人说的那样，也不是自己想的那样，而是我们经历、做到的那样。

踏实奋进　不断挑战　坚守信仰

1987 级劳动经济专业校友　毕国海

人物特写

毕国海，北京物资学院 8741 班原经济系劳动经济专业校友，毕业后就职于省直机关原河南省物资厅，30 年的职业生涯中曾任河南省裕华汽车贸易公司副总经理、河南省物产公司董事长、河南物资集团公司总经理助理兼河南省裕华惠宝商贸有限公司董事长。现任中国物流学会副会长、河南省物流与采购联合会执行会长、河南省物流学会会长、河南省"十四五"规划专家委员会委员。

顶住压力，学会思考

1991 年，毕国海作为北京市优秀毕业生直接进入省直机关原河南省物资厅。

1998年所在单位面临国企改制，毕国海以董事长的身份进入国企，参与改革。

改革，对那个年代的人来说是一段无法忘怀的人生经历。走出计划经济，人们对未来的无所适从感突然袭来，而且改革又会使一批人丢掉饭碗，面临失业的巨大压力。当时国企改革的一大动作就是裁员，让一大批原本拥有稳定收入的员工一夜之间失去了养家糊口的"饭碗"。作为改革执行者的毕国海和作为改革对象的下岗工人们，不可避免地产生了矛盾。

那时，每天上班，都会有大批职工找他讨说法。他虽身为董事长，但年纪尚轻，也未曾处理过类似的事情。同时，老企业还欠下了许多债务，面临法院封门。面对如此巨大的压力，他每夜失眠。他说，那时候真希望黑夜不要过去。失眠却想要留住黑夜，这种矛盾的心态才真正折磨人。

在巨大的压力下，毕国海并没有像一些年轻、经验尚浅的领导那样中途放弃，而是顶住压力，执行改革。终于，在国家多方支持与协调下，改革顺利完成。这次经历给他上了深刻的一堂课，毕国海知道只有不断思考，才能解决问题。也是从那时起，他开始思考如何才能更好地管理企业。

不断探索，勇于尝试

为了学习与探索企业管理模式，同时也是为了探索自己思考的正确性，毕国海毅然辞去了国有企业董事长的职位，开始创业。2003年，他领导团队与世界五百强企业宝洁公司合作，成立河南裕华惠宝商贸有限公司。在创业过程中，他不断学习国外公司先进的管理模式和商业模式，同时探索本地的新型企业管理和商业模式，不断尝试。经过十年的努力，如今的裕华惠宝已是宝洁公司在全国范围内合作的百家企业中的佼佼者。

一个国有企业董事长，辞职加入创业大军中。稳定的收入、有一定声望的职位与安稳的生活，这对很多人来说都是很难舍弃的。但毕国海勇于挑战，尝试新角色，探索新理论，不断学习，不断思考，将所学所想运用到自己的工作中。公司的成功证明了他这样做的正确性，也让他在创业这条道路上走出了精彩。

当被问到在就业的道路上给年轻人一些什么建议时，他诚恳地说："年轻人做事，不论做什么，首先要踏实，谁也不可能一工作就做到某个职位，只有在一点一点的历练中，才能成长。性格决定命运，我这么多年过来也是性格的关系，不断挑战，勇于做出改变，才能够做到现在这样。可以说我这么多年没有失败过。"说到这儿，虽然性格内敛，但仍能看到骄傲的神情洋溢在他脸上。

努力做事，朴实做人

说到最初的梦想，毕国海坦诚，当初的自己是想从政，做国家干部。不过命运似乎并不给他这个机会，在经历考公务员失败后，他决定踏踏实实经商，将自己的本职工作做好。"有时候你所做的，不一定就是你想做的。不是每个人都能做自己想做的事。但如果你没有办法改变，那就好好做你的工作。任何工作都可以成就人，只要努力踏实地做。"毕国海这样解释。

正因为坚信努力才能成功，毕国海以自身的努力换来了今日的成功。然而说到成功，他认为一个人的成功并不是和其他人比，而是和自己比。今天比昨天进步就算是成功。他并不把一个人的成就看得十分重要。他认为，一个人真正的成熟是返璞归真。面对浮躁的社会他曾有过困惑，但经过思考，他悟出，如今人们缺乏的信仰也许就是我们传统道德中最浅显的道理，如果一个人能坚持这些看似简单的道理，他或许就能在这个社会上出人头地。当初的担忧在如今来看也许是杞人忧天，但他悟出的这些，在当今社会又有几个人能真正明白。毕国海不但有所感悟，他经过这么多年努力达到如今的成就，也是因为坚持了这些。做企业坚持商业伦理，做人坚持简单朴实，他用这些换来了企业与个人的成功。

心系母校，真诚感恩

如今的毕国海身兼数职，是多个企业和社会组织的主要领导，同时还是郑州大学的硕士生导师。他一人多角色的经历并不是工作之后才开始的。早在大学期间，毕国海就担任经济系的文艺部部长和宣传部部长，是老师的得力助手，学生会的有力能手。担任的这些职务锻炼了他的办事能力和看问题的思维方式，给予他很大的帮助，他十分怀念这些经历。提起母校，毕国海略有些遗憾。因为工作太忙，加上距离遥远，他回母校的次数并不是很多，但每次回学校都发现学校有新的变化，这令他十分高兴。虽然回去次数不多，但他内心一直牵挂着母校，而校友会的活动他也尽量参加，也一直希望自己能有更多机会参与到母校和校友会的活动中来。

精彩对话

问：对于如今毕业的大学生，您更建议他们是从政、考研还是创业，希望他们选择什么样的职业道路？

答：其实只要是正当的职业，只要是你想做的行业，做什么都可以。当然，不是所有人都能选择自己喜欢又干得好的职业。但不论做什么，都要把它做好。俗话说："行行出状元。"不论主动与被动，只要把这条路走出来，也都可以成功。

问：您认为成功的因素是什么？

答：这个问题我也思考了很长时间，通过这么多年的思考，我认为一个人的情商十分重要。我也看过这方面的书籍，但都很抽象。我觉得真正的情商就是我们从小就知道的那些人生最浅显的道理，就是我们的爷爷奶奶给我们讲的那些。像为人要正直、做人要诚实、学会感恩、要有耐性等。实际上很多成功的人身上都具有这些素质，很多人也都是因为遵守这些简单的道理而获得成功。

问：作为硕士生导师，您认为如今的大学生需要什么样的品质，您更欣赏哪类学生？进入社会他们应该如何摆正自己的位置？

答：要踏实肯干，勤勤恳恳做事。一个人的思维方式很重要，要有正确的思维方式，符合基本的人性规律和处事方法。

面对社会，不要恐惧，不要好高骛远，不自暴自弃。刚进入社会不管你的学历如何，对于老板来讲每个人都是一样的。不要总强调自己有能力，强调自己过去怎样厉害。因为没有人看到你的过去，你必须要通过努力把自己的能力显现出来。要看到别人的优势，同时也让老板看到你的能力、品德、修为和忠诚。

笔者手记

人的一生不可能永远一帆风顺，每个人也不是都能随心所欲地做自己喜欢的事业，但无论做什么，只要踏实努力地把事做好，同样可以成功。在浮躁的社会，人们或许困惑迷茫，而坚持最简单的人生道理，也许就能在茫茫大众中脱颖而出。实事求是，不急功近利，踏踏实实走好每一步，成功就会在不远处等待着你。这就是毕国海身上的优秀品质。

工欲善其事　必先利其器

1988 级企业物资管理专业校友　陈志忠

人物特写

陈志忠，北京物资学院 1988 级企业物资管理专业校友，现担任福建校友会名誉会长、厦门市惠安商会会长、厦门市思明区第十七届人大代表。主要从事投资润滑油生产、销售，工程机械互联网平台与餐饮行业等。在大学期间，曾担任班级宣传委员、福建同学会会长。

天生我材必有用

回顾那一段高考的经历，对于从一个经济、文化极其落后的农村考到首都学府的学子来说，内心是非常自豪同时也是非常自卑的。陈志忠回忆说，那时母校里所有的一切对自己而言都是新鲜的。从最初的交谊舞学习到谈恋爱到担任学生会干部，再到利用暑假时间到校外打工，极大地增强了陈志忠的自信心。这一段段经历让他认识到：天生我材必有用。之后他进入了学生会，当他刚进入物院的时候就结交了一位高年级的学长，这位学长是他人生中第一位综合教练兼顾问，也成了他大学生活中最重要的"导师"。

　　学生干部的经历提升了陈志忠与人沟通、协调及领导的能力，而这些能力是当今社会上必不可缺的竞争能力，正是这样一份磨炼的机会，为他今后的创业奠定了坚实的基础。

　　和其他学生一样，课余时间，陈志忠也会去做兼职，不过与其他发传单、做礼仪的形式不一样，他是利用周末及暑假期间到北京火车站排队 24 小时，帮北上经商的商人买北京到福州、广州的软卧车票，当时限购每人每天只能买 2 张票，每张票劳务费 30 元。

　　四年的大学生活，是一个提升陈志忠综合素质的过程。通过大学的锻炼，他的学习能力、融入社会的能力都大大增强。知识掌握到位，就业后遇到问题才能迎刃而解，可以说，学习成绩的优劣和工作后的薪资、职位提升是有非常大关系的。有句话说"学费很贵，不学更贵"，足以说明知识的重要性。陈志忠认为，"工欲善其事，必先利其器"，既然是在学校学习，那么主要精力都得用在学习上，其他精力可以多参加学校社团活动、家教等勤工俭学活动，提升自己的社会实践能力。

选择很重要

　　陈志忠的履历是非常丰富的。1992—1995 年，在厦门聚泰印染企业有限公司担任供销经理；1995 年，成立厦门力志实业开发有限公司，主营进口特种油；2000 年，成立厦门万润佳润滑剂有限公司，拥有自己的石油加工生产工厂，自主研发了先进的润滑油调和生产技术；2012 年，成立厦门藏金阁集团有限公司。他旗下的子公司有厦门力志实业开发有限公司、厦门万润佳润滑剂有限公司、厦门易工云平台信息科技有限公司、厦门小盅哥餐饮管理有限公司"，业务涉及投资、石油、互联网平台、餐饮等，目前核心投资品牌为藏金阁、万润佳、易工科技、小盅哥。

　　这些丰硕的成果，背后又会有什么成功秘籍呢？陈志忠为我们一一释疑。

　　他说在学校学到的企业管理相关知识，给自己之后的就业及创业带来了非常大的帮助。物院浓厚的学习氛围敦促着他努力学习，提高学习能力。正因为如此，虽然社会发展很快，工作上所用的知识远远超出了学校所学习的，但陈志忠依然能很好地适应并学以致用。

　　如今的社会人才济济，想要在众多的竞争者中脱颖而出，陈志忠认为，选择很重要，对的选择比努力更重要。在毕业之前，就要慎重地、切合实际地做好人生规划，根据自身情况做出正确选择。有一位知名企业家曾经说过"没有对错，只有得失"，没有十全十美的选择，切勿顾此失彼。他还风趣地补充道："如果校友有意愿到我的企业就职，我可以让人事部门优先考虑。"

以母校为荣

毕业后，陈志忠曾回过母校数次，包括受邀参加母校的一些重大活动。走在校园中，看到老师亲切的面容，听到同学的欢声笑语，他回想着20年前的自己，心里非常感慨。当年走出校门步入社会的时候，他便一直以"在学校我以物院为荣，毕业后物院以我为荣"来鞭答自己，现在对照自己，觉得做得不够好，还得继续努力，争取为母校的发展做出更多的贡献。

当谈到对母校有何建议时，陈志忠说，校友资源是母校生存与发展的重要财富与坚强后盾。他建议母校尽快动员各地校友会，把全国各省的校友会都逐渐成立起来，分行业着重培养优秀校友企业标杆，加强人才互调交流锻炼，利用各自的优势合办项目，合办企业，资源共享，共同发展。另外，母校要提高生源的综合素质与文化素养，在学科选择上保留自己的特色，精益求精，做大做强。

精彩对话

问：您在社会上打拼了这么多年，人生阅历积累很丰富了，那么您能给在校生提几点宝贵意见吗？

答：第一，永远保持一颗学习的心，这样才能保证你不断进步。第二，要具备"先舍后得"的品格，这样才会有越来越多的人主动帮助你，提供给你宝贵的机会。第三，要脚踏实地，不要好高骛远，不要"低不成高不就"。

问：总结一下大学生活，您要向我们说些什么？

答：大学四年很快就过去，要好好把握，要懂得珍惜，珍惜朋友的感情，珍惜学习的机会，最重要的是要过得快乐。举例来说，像竞选、奖学金等，我都是尽力争取，能得到就得到，得不到也不沮丧。要多听讲座，多看书，开阔自己的视野。

笔者手记

在他人眼里，他在事业上很成功，但他仍旧向着更高的地方看去，不断地提升自己。"工欲善其事，必先利其器"，真的是对在校生很好的告诫，只有自己积累了一定的资本，才有资格去跟社会谈条件。

诚实守信，勇于担当，知恩图报

1988 级企业物资管理专业校友　莘宝青

人物特写

莘宝青，北京物资学院 1988 级企业管理系企业物资管理专业校友。现任北京物资学院江苏校友会会长、南京钢奥贸易有限公司总经理。

人生的第一桶金来自大学校园

1988 年的金秋，当载着新生的班车离开北京站，驶上宽阔的东长安街时，莘宝青抑制不住内心的激动，"好个大北京啊！"班车一直向东行驶，大概半小时后，汽车驶离公路，继续向前，穿过大片的玉米地，来到了一个不大的校园，他心想"没走错地方吧！"确实到了北京物资学院，里面只有一栋教学楼，三栋宿舍楼，一个食堂。安顿好后，他熟悉了一下学校周围的环境，学校南面是邓家窑村，村民的房子在南面严严实实地挡住了学校，只留了个校门。学校东西北三面是大片的农田和一些鱼塘，独有可爱的带有院中园的校园顾影自怜。

既来之，则安之，莘宝青慢慢地适应了校园生活。师生们除了在校内上课，就是外出，但是出行很不方便。因学校地处偏僻，仅有的每天早中晚三趟班车远远满足不了师生们出行的需求。看着每天班车上的老教授被挤得喘不过气来，莘宝青看在眼里，急在心里。经过一个月的充分调查，得知因财力所限，在学校近期不可能增加班车的情况下，莘宝青和同班杨静飞同学不谋而合，在校团委和学生处的支持下，筹措资金 2200 元（主要向班主任及同学借了 1000 多元，加上自己的第二学期生活费），在前门商店批发了 10 辆崭新的自行车，于 1989 年 4 月 15 日成立了自行车车行，面向广大师生出租自行车。一开业，生意就非常红火，经过两个月的努力，还清了所有的债务。大二开始，他又承包了学校的小卖部，不仅给在校学生购买日常生活用品提供了方便，也获得了很好的收益。在创业的同时，莘宝青也没有影响学业，先后担任过班级学习委员、系刊《劲草》编辑、系宣传委员等职务，每年都获得奖学金。更重要的是他还在校园里因创业收获了一辈子的爱情。

诚实守信，勇于担当，永不向困难低头，人生没有过不去的坎

与莘宝青的谈话中，他一直强调，人一定要培养自己的抗压能力。抗压能力就是在外界强大的压力下处理事务的能力。2008 年全球金融危机爆发，大宗商品价格暴跌，因库存巨大，莘宝青的企业受到致命的打击，直接及间接损失数亿元，最后资不抵债。在危机时刻，莘宝青没有逃避，更没有跑路或自暴自弃。在爱人的支持下，他抵掉了所有的房屋、汽车及一切资产，积极还债。抵完后一无所有，背负近 2000 万元的债务。"史玉柱"成为他当时的唯一偶像，《从头再来》的歌词抄在笔记本的首页。后来在物院部分校友及周围朋友们的关心和支持下，他又东山再起，经过几年的努力，不仅还清了所有债务，莘宝青的公司规模又在业界名列前茅。说到这里，莘宝青给我们推荐了一副对联："有志者，事竟成，破釜沉舟，百二秦关终属楚；苦心人，天不负，卧薪尝胆，三千越甲可吞吴"。

精彩对话

问：您能给目前的在校学生提供一些关于学习和生活方面的建议吗？

答：在学习方面，我认为大家要把自己的专业知识学好，寒暑假期间多参加一些社会实践或单位的实习。生活方面，一定要锻炼好自己的身体，起居有规律，早饭一定要吃。另外，要多参加校内的社团组织、班级及学生会组织，这对将来走上社会的工作非常有益。同学之间的相处一定要友善，胸怀宽广，互相帮助。物院里藏龙卧虎，人才济济，校友是每个人未来发展过程中最宝贵的资源。本人在此受益匪浅，感谢物院，感谢所有帮助过我的校友！

问：您对校友会的发展有什么建议吗？

答：首先，我认为每个地方校友会的会长要有无私的奉献精神，尽管有时吃力不讨好，也许还会受到委屈，甚至误解，但也要无怨无悔，时刻为校友服务，并带领大家共创美好。其次，校友会的发展，一定要使绝大部分校友受益，包括经济层面和精神层面。同学们工作后，会遇到各种各样的问题，比如、就业问题、孩子上学问题、医院就医问题。不同的校友有不同的资源，应该使校友们信息之间沟通顺畅，能互相帮助，及时解决一些校友的问题。最后，校友要在力所能及的情况下，为学校服务，能够反哺学校，回报学校，毕竟学校培

养了我们。这次适逢校庆 40 周年，我和爱人宫丽同学（1988 级校友）决定向学校捐款 100 万元，感谢学校的培养之恩！

笔者手记

成功的背后一定有辛酸的历程，莘宝青的经历更是为这句话添上了有力的佐证。我们应该牢记学长的教诲，用自己火热的青春去践行这一永恒的真理。

优秀是一种习惯

1988 级管理工程专业校友　张铭卫

人物特写

　　张铭卫，北京物资学院 1988 级管理科学与工程系物资管理工程专业 88221 班校友。

朝气蓬勃的学生干部

　　刚进入大学时，张铭卫性格外向，对社团活动充满热情，为了提高自己各方面的能力，他积极参加校内社团活动，活跃于学生组织中的张铭卫最终被选为当时的校学生会主席。他说，知识的积累一部分来源于书本，而最重要的另一部分来源于阅历和实践经验的积累。大学时的张铭卫，不论是在知识还是在阅历的积累上都收获满满。

回想曾经参加过的社团活动，最令张铭卫记忆犹新的就是一次天安门前的集体舞活动。当时是由中央民族学院（现中央民族大学）的刘爱莲老师带领张铭卫一行人排练，对于所有人来说，集体舞的排练需要很快的反应能力和很强的模仿能力，而对于组织者来说，更要有很强的协调组织能力。那次活动，大家尽心尽力，热情高昂，投入很多精力去排练。最终，活动取得了很好的成绩。这不仅让张铭卫这个组织领导者成长了很多，也让这个团队一同体会到了团队的胜利带来的喜悦。

张铭卫说："现在的大学生个性越来越强，独立性越来越强，接触的环境也越来越复杂，想法也随之增多，通过参加和组织一些社会实践活动，能够培养同学们团队合作的能力。抱着服务同学的态度多参加校内活动，对同学们未来的经验积累很有好处。"

成熟稳重的社会人

本科毕业步入工作岗位后不久，张铭卫又选择到北京交通大学继续研读MBA。他说："中国现在和国际接轨越来越紧密，现在的知识也更新很快，新的想法层出不穷，如果没有及时去学习新的知识，渐渐地就会被社会所淘汰。"张铭卫坦言，学习是一个不断提升、不断调整的过程，通过学习，接触不同的人、不同的事、不同的物，能让自己的心胸和视野变得更加广阔。正如有句话说：走的路多了，心自然就广了。张铭卫何尝不是在不断学习的路上让自己的舞台越来越广呢。

面对当前的就业压力，很多同学选择考研，张铭卫为我们讲了他关于考研就业的感受。他认为研究生找工作也并非很容易，现在考研的机会多、路径也多，考研更应当根据自身情况而定。张铭卫建议先就业再考研，那样针对性会更强一些、思路也会更加清晰，通过在社会中的沉浸，能够更好地认识到自己的不足，也能为自己做一个更适合的规划，对自己以后的方向也会更加明确。

一个人要是想走得更远，那就一定要有一技之长，但是真正做到却并不简单。首先你要有自己所擅长的一种技能，而且还要比别人更强，这样你才能在百舸争流的社会生存中有持久的竞争力。

精彩问答

问：大学里的同学们都来自五湖四海，您曾经也是学生会干部，肯定会在处理一些事情时涉及人际沟通的一些问题，您在人际交往方面有什么独特的方法吗？

答：我觉得人际交往中最重要的一点就是互相尊重，每个人都需要被尊重。对于宿舍的舍友一定要团结，多沟通，互相理解。每天生活在一起，难免会发生矛盾，所以要互相包容，你只有认同他人、照顾他人，你才能被认同、被尊重。再者，需要在不同的情况下扮演不同角色，也就有了不同的处事风格，有自己的原则，也尽量去包容别人，这样对于人际交往的能力就会有很大帮助。

问：当初您在大学时期的学习生活中，有没有印象深刻的老师给予您很大的帮助和鼓励？

答：在上大学的时候，我受老师的影响是比较大的。有一个刘老师，他一直很朴素，原则性强，生活作风严谨，在学生工作中处处为学生们着想，会主动帮同学们修电炉等，经常和同学们交流，在他身体力行、言传身教的影响下，很多学生改变了自己的认知和态度。我觉得大学期间有一个好的老师引导是很重要的，能够让我们以他为榜样，严于律己，去努力、去奋斗。

问：从您的经历可以看出您一直在国企工作，您觉得国企和民营企业最大的区别是什么？

答：国有企业和民营企业属于两种体制。就初期阶段来说，民营企业的机制体制会比较灵活。反观国有企业，更多地会强调社会责任感和如何创造出更大的价值，国有企业聚集了一批优秀的人才。在我们看来，当国有企业和民营企业规模做大到公众公司的程度时，两者的界限就不是那么明显了，但是国有企业首先是国家作为出资主体，制度相对来说比较健全，所以相关的考核要求会比较规范，民营企业这一点可能会柔性一些。

笔者手记

人的一生很短，人亦各有所爱、各有所求、各有所志，无论为名、为利、为官，还是为事业，必然要付出努力，不忘初心，坚定向前，把优秀当成一种习惯。

以诚待人　踏实做事

1988级仓储运输专业校友　罗卫东

人物特写

罗卫东，北京物资学院88241班原管理工程系仓储运输专业校友。现任河北物流集团副总经理、常委，兼任河北物流集团沧州公司董事长、河北冀物再生资源有限公司董事长。

罗卫东现在主要从事金属运输和进出口工作，公司位列全国金属流通业十强，河北省批发业十强中第二位，公司主要从事钢材、煤炭的批发零售和进出口业务，与全国二十余家钢厂合作，构建了稳固的资源代理关系。近年来，公司秉承"客户至上、诚信为本、科学管理、行业领先"的理念，稳步快速发展，构建了以石家庄为中心，以河北省为主市场，覆盖本省、辐射全国的强大营销网络，经营触角已延伸到东南亚、欧美、中东、非洲、澳洲等国际市场。

忆苦思甜　由小及大

罗卫东回忆说在物资学院学习期间，记得校园周围都是庄稼地，也没有任何的娱乐设施，但是热爱运动的他，坚持练习篮球、乒乓球、羽毛球、跑步等，并且每次比赛都能拿冠军。所以他告诉我们，做什么事儿都要坚持，学会在成长中给自己找乐趣，就像在学校里的学习和运动，只有坚持，不放弃，才能突破险阻，离成功更近一步。

在毕业之后，他辗转来到了当时还是计划经济单位的中国建设物资石家庄供应站，工作的前三年没有太多经验，一年365天他有300多天都在外边跑业务，风雨无阻。也正是在这期间，他建立了很广的人脉关系，所以任何时候都没有随随便便的成功，任何风光的背后都会有一段不为人知的奋斗史。在做出业绩之后不久，罗卫东并没有甘于现状，他开始停薪留职，自己出来单干了一段时间，并且他在尝试中不断地完善自己，后来发现自己个人的力量毕竟微薄有限，于是他又去应聘了河北物流集团储运总公司的总经理一职，由于在外拼搏的几年既有了经验，又懂得了很多其他东西，比如，管理和财务类的知识，他顺利地应聘成功。当时储运总公司年年亏损，运营前景十分不乐观，可是自罗卫东上任之后，公司第一年就实现了扭亏，第二年工人的工资就翻了一番。突出的业绩使他更加受到赏识，后来他被调到了沧州做物流集团沧州有限公司的董事长。罗卫东之所以能有现在的成功，是他一直坚持、努力的结果。

管理之道，以人为本

罗卫东在管理上颇有自己的一套方法和策略。他给我们讲了一个自己初到物流集团时的例子，公司仓库内是不能见明火的，当时对此没有明确严格的规定，他说只要见到有人在仓库边吸烟就要给予处罚，并且处罚个人是不够的，处罚个人的同时还要处罚他的直接负责人，进而一级一级地处罚到他自己，最重要的是，他说到做到，据罗夫人讲，罗卫东也真的处罚过自己。这种说到做到和身体力行的态度是现代管理者的楷模。另外，对于职工加班，罗卫东也十分照顾，职工无论是加班还是由于工作原因外出要打车，费用问题在由主管签字之后都能去财务处得到加班费或者是报销其他费用，真正做到了以人为本，以职工为本。罗卫东常说的一句话就是："钱聚人散，钱散人聚。"意思就是时刻告诫自己，当所有利益都集中到一个人身上时，那人心就散了，而当所有利益由大家共享时，人心就齐了。人心齐了的好处是大家做什么事都会更有热情，有积极性，那效率自然也就会提高，自然什么事儿就都好办了，从而赢得了人心，得到大家的主动帮忙，所以管理之道，在于以人为本，而管理的关键则在于做人。

心系物院　期许未来

罗卫东作为一个公司的董事长，依旧怀揣着当初的物院情，为所有在校的学弟学妹们留下了值得学习和借鉴的东西。他平时仍然不断进行自我充电，提升自己，他喜欢看历史类和军事类的节目。看历史类，以史为镜，可以知兴替，进而提升自己的内涵；而军事类，讲究的就是策略方法，人们常说商场如战场，观战争得失，借鉴经验，打好商场上的每一仗。在管理上他已经有了自己的一套方法，而且效果显著，他就是这样用自己的经验引领着我们，他说物院的学子们一定要学会提升自己，精益求精。另外，罗卫东提到，人生中最关键的有三点，首要是做人，其次是奋斗，最后就是机会。做人不出问题，保证人品，甘于吃亏的人才能走得更远，这是一切成功的保障。奋斗成就自己，只有走过风雨才能见到彩虹，人生路上必然要经过一段艰涩的奋斗期，只要不抛弃，不放弃，始终保持向上的心态就一定能见到人生中的阳光。而机会，向来只青睐有准备的人，当一切都做到位，自然就会水到渠成，这些都是要靠自己双手创造的，我们提前铺好了路，那路自然就会越走越宽，路走宽了，别人自然也就会认可你，主动帮助你，机会也就能顺势而来了。罗卫东心系物院学子，他一直企盼着我们这一代能做到青出于蓝而胜于蓝，他期待看到物院美好的未来。

精彩对话

问：结合您的大学经历，能对现在我们这些迷茫着的师弟师妹们提一些生活和学习上的建议吗？

答：大学是一个平台，你们要做的最重要的事就是锻炼自己的能力，包括学习能力、人际交往能力、工作实践能力等。等你们踏入社会之后就会发现工作上也许不会用到多少你课本上学到的知识，主要是你为人处事的能力。另外同学们可以多加入一些社团，找一些志趣相似的人，为了共同目标奋斗，层次比较高的人聚在一起，就会形成一种相互学习、相互促进的氛围，那大家就都会有所提高。

问：现在大学生们面临着就业难、考研热的现状，那您对现在的考研和就业是怎么看的呢？

答：我觉得这个应该一分为二地来看待，得看以后打算做什么工作，自己的未来目标是什么，现在大学的学历已经不像我们那时候有很高的含金量，如果立志于从事研究，或是提升自己的综合能力，觉得自己适合学习就可以去考研，而且考研以后的选择还是会多一些的，但是如果自己就是要做实务类的工作，而且毕业时能找到一份还算满意的工作就可以直接就业，毕竟在职场上工作经验和能力还是要比学历重要的。

问：那您现在的公司招聘有什么条件？

答：专业性的招一些一本的。业务方面，招一些业务考核过关的，容易接触人的。学历不一定要求有多高，那不重要。会待人接物，自己有很高的素养，这是很重要的。财务方面，要求一些专业性比较强的。业务都可以学会，你们在书本上学的知识，其实很简单，短时间内就可以学会，而重要的财务是半个月、一个月学不会的，那是真东西，需要学历比较高的人。

笔者手记

真诚待人，努力奋斗，抓住机会，不断提升。这就是罗卫东教给我们的最重要的东西，而他自己也是身体力行。生活路上，他严于律己，永远都是优先考虑他人利益，乐于吃亏助人；工作路上，他精于管理，真正做到了以人为本，将商道和人道融为一体，得到了众人的支持；奋斗路上，他永不停歇，为自己充电提升，心系母校发展，怀揣物院情怀，带着心中梦想向着更远的方向走去。

快乐生活

1988 级企业物资管理专业校友　徐建红

人物特写

徐建红，北京物资学院 1988 级企管系企业物资管理专业校友，现担任广西中储物资贸易有限公司总经理。

自 2003 年离开广西地矿厅后，徐建红与朋友合开中储物资贸易有限公司。其间虽经历过创业的艰辛，面对过经济不景气的危机，但他和朋友共同努力，攻克了道道难关，现今的中储物资贸易有限公司已经初具规模，并且有了固定的客户，可以说，在徐建红带领下的中储物资有限公司已经步入正轨。如今的他，生活惬意而自由。他幽默的处事风格，健康的生活态度，让记者们感受到了徐建红鲜明的人格魅力和浓浓的幸福感。

平凡的生活，合适的位置

徐建红评价自己说，大学时期的他普普通通，没有太多的实践活动，这可能也是他后来比较后悔的一点，然而即使这样，课外的他也不曾寂寞。他回忆说，高中的时候 40 人的宿舍，极其一般的饭菜，让这个初到物院的他感受到了物院的待遇优厚。在回忆四年的大学生活时，徐建红不止一次提到了邓家窑的农民，让学生帮助打果子，提供小小的就业岗位，让物院的学生帮助他们卖西瓜，得到收入，补贴生活。农民这样质朴的爱，让身在他乡的学子，虽然在离家千里，也感受到了温暖。在谈到同窗情时，他告诉记者，这是他的一笔可贵的财富，弥足珍贵。虽然大家已经各奔东西 20 多年，然而同窗之间的联系仍然密切，不仅有 QQ 群，也有微信群，将这些奔波在各地的同窗紧紧相连。

轻松工作，追求自由

徐建红的工作经历早在学生时代就已开始。徐建红选择了帮助邓家窑的农民卖西瓜赚钱。这是他初入职场的状态，与平凡的农民打交道，感受朴素的美，在这短暂的工作过程中，他感受到了工作的艰辛，也锻炼了自己的处事能力。1992年毕业以后，徐建红很幸运地被分回了广西，来到了广西地矿厅。可以说是一种幸运，也可以说是一种缘分，在广西地矿厅的徐建红遇到了北京物资学院的几位师哥师姐，同门师兄的扶助，让这个刚踏进社会的青年，感受到了很多的关怀，也因此避免了很多的麻烦。由于个人能力突出，徐建红在来到地矿厅的第二年就成为科长。就这样顺利地走过了十个年头，稳定的工作，持续的勤奋，让他的生活简单而幸福。然而，外界环境的大变动，以及自己内心有着更高的追求，让徐建红开始不再满足于这种循规蹈矩的生活。终于在2003年，他选择和朋友一起成立中储物资贸易有限公司。公司从一个幼小的新生命逐渐开始了资本积累，徐建红的沉稳性格让公司一步步踏入稳定的轨道。其间经历过大起大落，特别在2002年年底，公司刚刚起步，由于物资行业的不稳定性，在那段时间公司经营相对比较艰难，但是徐建红用自己乐观的人生态度和幽默的处理方式，化解了尴尬局面，帮助公司渡过难关。

心系母校，寄语学子

徐建红从本身的经验出发认为，在这20年的社会大学中，真正课本上的知识并不是关键点，相反，处事的能力以及与外界交流的能力，能够帮助我们在社会这个大环境中，生活得更加游刃有余。在开始来到地矿厅的时候，学校的理论知识可能尚存用武之地，然而随着时间的推移，这种有用的价值似乎也随着时间而消逝，取而代之的是在工作中学到的更加实用的经验。所以，当记者问到在他看来什么是大学生在校园中最需要培养的，徐建红的第一回答是能力与素养，参与实践活动的能力，与人交往的能力。在此基础上，他特别提出，作为当代的大学生，他们应该尝试着与用人单位去交流，了解他们对人才的需求，从而掌握自己的发展方向。根据用人单位的需求，有针对地去发展自己的个人素质。这无疑增强了我们自身发展的目的性，做一个为单位量身定做的毕业生，也一定会为将来的就业多一份筹码。除此之外，大学生还应该在校园里锻炼什么？徐建红告诉记者，在他看来，个人素养的培养在大学中不可或缺。在大学，这个相对富裕的时间，相对自由的时期，就成了培养的黄金时段。无论是在图书馆中徜徉书海，抑或是在一个个实践活动中尽心尽力，都将成为一种很好的选择。在图书馆中，阅读前人人生的真谛，思考历史的变迁，提升思想的境界。在实践活动中，担任角色，奉献力量，提升能力，动手动脑，这是对处理问题能力的锻炼，更是综合素质的一个考验和提高。所以徐建红提出，作为学校，不仅要在学业上督促学生，更要创造平台让学生去发挥他们的光彩，让他们在一个一个的事务中得到锻炼。对于学校，徐建红也提出了跟学校方针吻合的见解：发挥优势，提高知名度。让更多的人知道北京物资学院，让更多的人了解北京物资学院。此外，对于学校里的在校大学生，徐建红提出，要争取向更高处走，他支持大学生去考研，去追求更高的学历。因为这不仅仅是一个文凭，作为在理论上的更进一步，会让大学生在以后的就业中看得更远，更加能够后积薄发。

精彩对话

问：在社会打拼的这些年，您是以什么态度来面对生活的？如何平衡生活与工作的节奏呢？

答：自由，这是我一直追求的，无论是最初在地矿厅工作，还是后来选择出来从商。在生活中我一直享受着自由，享受着没有拘束的生活状态。生活和工作在我看来已经融为一体。我的工作在我看来不是一种负担，它是我一种快乐的享受。我在其中感受到了工作的快乐，所以生活中有工作，工作中有生活。因此即使在周末，我没事还是会来到公司，因为我享受到了工作中的快乐。我也想告诉在校的大学生要学会在工作中感受到快乐，这样你才会享受工作。

问：您的工作十分繁忙，还要参加校友会的一些活动，您是怎样看待校友会活动的？

答：校友会是个非常好的组织，他给我们这些毕业多年的校友提供了一个平台，使得我们能够借助这个平台再次相聚在一起，交流人生的经验，交换相互的信息，让校友之间的关系更加密切。此外也充分发挥了校友的凝聚力，遇到有困难的校友，可以集大家之力共同去帮助。我个人非常愿意参加校友会的活动，这里凝聚了我们的物院情感，并可以传承下去。

问：你现在的工作是否和所学的专业对口？你如何看待专业对口问题？如果专业不对口，你觉得该如何调整自己，尽快适应工作岗位？

答：我现在的工作跟所学的专业有点关联，但是联系不大。其实在我看来专业是否对口问题不是很大，当然如果对口更好，在理论方面我们有基础，在实践中能够学得更快。如果不对口也不是问题，对于实际操作所需要的知识、经验，大家都在同样的起跑线。所以只要在后面的工作中肯认真学习，一样可以在一个行业中做好。

笔者手记

在采访徐建红的整个过程中，记者感受到了他惬意的生活和自由的生活态度。这是一个幸福的人，从他的精神面貌，从他的谈吐中，记者感受到了他满满的幸福感。用徐建红自己的话说，他对生活容易满足，所以幸福感很强。的确，人生就是在不断追求与满足中交错前进的，要为现有的感到满足，但是绝不停止追求的脚步，在平凡中追求自己的幸福。

踏实走路　做好自己

1988级会计专业校友　王永成

人物特写

王永成，北京物资学院1988级会计专业校友，高级会计师，高级经济师，现任某国有独资集团公司副总经理。2003年作为公司财务部经理主动要求去一亏损分公司任经理，当年就带领团队扭亏为盈，十年给公司上交净利润超亿元，多次被评为省国资委优秀党员，先进个人，省总工会工人先锋号，2014年荣获江苏省五一劳动奖章。

进校园　名声起

王永成出身普通家庭，大学经历对他的人生产生了很大的影响，是金子总是要发光的，在学校他意气风发，为人干练、做事踏实的他大二便挑起系学生会主席的重担，可见他受到了老师和同学们的认可。聊起当年的事，王永成感慨万千："我见到你们的时候，会想起当年的我自己，想起我也是年轻过的。"

20世纪90年代的中国处于改革发展的高潮期，物院虽然地处东郊，但学校的学生工作也是风生水起，办舞会、展演音乐剧、举办辩论赛，大家充实而快乐，"那个时候学生很穷，每个月生活费只有几十元，但生活还是蛮有意思的，目标很明确。"他说道，看得出他很是怀念曾经的那段岁月，专注于一份事业并为之付出心血，这种感觉真的很好。

学习之余，他对桥牌情有独钟，当时包括邓小平在内的很多中央领导都很喜欢打桥牌，受到他们的影响，桥牌在学校非常流行。王永成的专业是会计，自然很是精于"算计"，牌艺超群，鲜逢敌手。他品学兼优，多次获奖学金。"真正的大学时光只有四年，过了就过了，再也找不回来，现在很多人工作后再去上学，那只是再要一份面子，头顶几个博士，显得更好看一点。"

回家乡　重头做

大学毕业前夕，对于留校还是回乡，王永成也有过犹豫，权衡再三，选择回到江苏发展，"要是当初选择了留校，现在会有一个怎么样的我？"回到江苏，从财务科普通科员做起，一步一个脚印，拾级而上，在领导眼中，王永成是值得信赖的人，踏实办事的作风一如从前。

20世纪90年代的中国，经济体制逐步改变，从计划经济过渡到市场经济，很多国有企业同样面临改制的难题，继续坚持发展，还是兼并破产？王永成所在的企业也要改革，在市场经济的冲击下，企业效益不好，连年亏损，是离开这里另谋高就，还是与企业共存亡？他选择了后者，并且临危受命成了当家人，次年企业便扭亏为盈，上下欢欣鼓舞。这是一种稳中求变的表现，更是一个人魄力的表现。

王永成当家后便开始了企业内部的改革，带头降低自己的薪资，规定领导薪资不得超过普通员工的十倍，"企业效益好了，要更多考虑到那些新来的员工，他们要买房子，要结婚，压力大得很"，"除了薪资制度，我很支持企业工会的发展，现在公司大的决议都要经过工会，不通过就实施不了，我觉得这样很好"。不得不说这是一种很好的尝试，虽然在目前的中国还不具有普遍性，但确实让人感受到了他那种"以人为本"的理念。

谈及家庭这个话题，他的成就感十足，他说道："不瞒你说，我的爱人和孩子都很崇拜我，在家里，我是她们的偶像。"王永成现在有一个上初中的女儿，学习成绩优秀，他讲起一件家庭趣事："有一次家里有外国小朋友来做客，我很高兴自己可以简单地和人家交流，不料我女儿直笑话我，问我大学是不是没有好好学习，英语水平怎么会这么差。"我们听罢哈哈大笑。

精彩对话

问：您对现在年轻人有哪些告诫？

答：对于这个问题，我还真有些话要说，现在的年轻人，太浮躁，要更踏实一点，脚踏实地做人才对，有一次企业来了一个业务很出色的大学生，我告诉他："好好干，第一年我给你 5 万，第二年给你 10 万，第三年 20 万。"没想到他接着就问我："第四年呢？"我就告诉他："那要看你的本事了。"

再有，年轻人要肯吃苦，不吃苦中苦，怎为人上人？

公司有一个员工，我很看好他，给他加指标，天天全国飞来飞去谈业务，开始他十分怨恨我，觉得我对他不好，把脏活累活都给他，一年后他就很感激我了，年终发奖金的时候，他比同事多好几倍，他很奇怪，我就告诉他："你拿这些钱是理所应当的，因为你为公司带来了更多的效益。"

问：关于幸福，您是怎么定义的？

答：今天我很开心，和你们聊得很尽兴。说心里话，对我来说，这个幸福就是一种满足感，不仅仅是钱，要是为了钱，我早就跑到别的公司了，从事业上讲，现在企业虽然没有很高的薪资，但给了我很多荣誉，我很享受这个过程，从家庭上讲，爱人和孩子都崇拜我，这让我既满足又感动，这样的话，就算工作压力再大，我心里也是开心的，生活也是幸福的。

问：现在社会变化很快，您怎么看待？

答：这个问题我确实想过，当初我们上大学的时候，用的是最初级的电脑，我用得还挺熟练，现在的智能手机和平板电脑，我就玩不了了，不过没关系，我尽量保持一颗年轻的心吧，不会排斥那些新的东西，就算我学不会，我也要让我的女儿更好地接触到。

问：不论是事业，还是其他，面临选择的时候，什么因素您会考虑多一些？

答：这个问题，不同年龄的人会有不同的考虑吧，年轻的时候顾虑少，可以做一些冒险的决定，比方说经济改制那段时间，很多国有企业都要倒，领导让我接一个亏损了好多年的公司，说心里话我也是担心的，那么多员工眼巴巴指望着你，万一搞砸了怎么办？可最后我还是答应了，现在想想，可能就是因为年轻，心气足吧！

但人岁数一大，考虑的东西就多了，就想守着自己的一亩三分地过日子了，你们单昕光学长，读大学时候一心想着当徐州市市长呢，假如现在真有这么个机会，他估计也不会想都不想就答应下来的。

你们现在还在读大学，都是年轻人，可以稍微冒险一些，没关系的，大不了就是失败，凡事不要想太多，想多了会影响你的判断。

问：我们了解到，虽然毕业了很多年，但您还是很热心地参加物院的活动，学长心里是怎么想的？

答：人毕竟还是一种感情动物，在物院待了四年，对这个地方充满了感情，过来这么多年，自己有了一些小小的成就，就想把自己知道的经验和教训告诉你们，让你们少走些弯路。

这些年空闲的时候会回学校做一些讲座，商学院主办的，其实就是随便地聊聊，回答一些你们遇到的问题。

每一次看到你们，我都会回想起自己的时光，年少轻狂，幸福时光啊！

问：对于大学的学生干部，您有什么看法？

答：学生会还是能锻炼一些能力的，我大学时候当过系里的学生书记和主席，这段经历对我影响很大，虽然当时处理的都是一些非常琐碎的事，但还是很有成就感。另外，做学生干部，要做好牺牲自己私人时间的准备，为大家服务嘛，是要花费自己精力的。

笔者手记

很多人心里都有一个疑问，一份事业是不是应该坚持到底，从一而终？王永成的职业生涯是一个很典型的例子，一干就是几十年，从财务科员做到企业负责人，自己回顾的时候也感慨颇多，"这么多年了，就一直在这里干，风风雨雨的，现在还在这里，绝不只是因为钱，很多企业想挖我走，很高的职位，很高的薪资，但我都拒绝了，因为我和这个地方是有感情的。"他顿了顿说道，"有时候工作压力很大，要拼命完成指标，但企业对我还是不错的，除了物质上的东西，它还给了我很多荣誉，所以我的爱人和女儿都很崇拜我。"

他对自己事业的忠诚可见一斑，他的选择更偏向于稳定，这样的选择可以给家庭带来更好的保障，但言语之间学长显露出一些憧憬，"我想，每个人内心深处都会渴望一些新鲜的东西，那会让人的内心保持年轻"。

职业忠诚和职业倦怠看似冲突，但又不完全矛盾，如果能找到二者与自身的契合点，情况会不会有所改变？把自己的事业建立在兴趣之上是不是会一举两得？答案因人而异，笔者在这里只是抛出问题，然后引发思考。

这次南京之行，和很多校友都聊到这个话题，可能是时代的差异，他们会更看重稳定，然后兢兢业业地工作，至于内心的一些小想法和"蠢蠢欲动"，更多地寄予在自己孩子的身上，孩子是父母生命的延续，如此这般，可以理解。

　　《搭车去柏林》的作者刘畅在书中写道："趁着年轻去旅行。"可能在未来的若干年，"事业即生活，生活即快乐"的理念会被越来越多的人所接受。

　　归根到底，选择忠诚，还是抛弃倦怠，是一种理想和现实的博弈，更是生活方式的选择，没有标准答案，活得精彩就好。

幽默中运筹帷幄

1988 级企业物资管理专业校友 郁宏彬

人物特写

郁宏彬，北京物资学院 1988 级企业物资管理专业校友，江苏千方资产管理有限公司董事长。"这是一个非常冷静理性的人。"初见面，郁宏彬给了记者这样的印象。但谈话之后，记者对他有了很多不一样的认识。大家都称呼他为教授，是因为郁宏彬大学毕业后，先后在南京物资学校、南京财经大学任教长达十多年时间，现在才从事投资管理工作。他的思维极为缜密，言谈之中不仅带有很强的逻辑性，而且有着自己幽默的风格。

别样大学

我们的谈话从 20 世纪 90 年代的物院开始。"客观地讲，那个时候的物院和现在差很多，那时学校还处于建设初期，偏远的地方与孤零零的几栋房子，这是我第一眼的印象，感觉是一片迷茫。"他说道，"但毕竟年轻人多，大家五湖四海聚在一起，很快就过起了高兴的苦日子。"说到这里，要提一下他迷茫的理由，由于高考时出现重大失误影响发挥，他来物院实在是不得已，所以才引发了当初的心灰意冷，但这何尝不是另一种美妙的缘分和命中注定？而且，真正的金子总有发光的一天。

后来，他很快便适应了大学的生活，除了忙于每天的功课，还有很多的空闲时间。剩下大把的空闲时间怎么办？针对当时的国内环境，有人调侃今后物资工作要学会社交三件事：跳舞、喝酒、打牌。"我不擅长跳舞，而且酒量不行，喝点就醉，所以我只能专注于打牌。"他幽默地说。旁边他的同学接过话："他可是当年的麻将之神，很少会输。"

那时候师生关系很好，也经常一起下围棋。从这些生活的小细节上也可以折射出当年老师和学生那种亲密无间的关系。

别样见解

转眼很多年过去了，郁宏彬也有了一份自己的事业，对中国的经济，他有着很独到的看法，并认为现在的年轻人正处于中国发展最好的时代。

"不论什么时候，机会都是存在的，只要你把握得好，就会有自己的成功。"

你的选择决定你的人生

"我不会单单为了一张学历证书而去读研，但是如果我所希望从业的行业和岗位需要对知识进行更系统的学习而必须读研的话，我就会毫不犹豫去读研。"真正到了工作岗位上，能力决定一切。

郁宏彬认为读研不应该是单单为了学位证书而去的，如何选择，更多的应该是从个人兴趣爱好角度出发进行考虑。很多时候，兴趣是最好的导师，会激发自己内在无穷的潜力。

精彩对话

问：您对物院的发展定位有哪些看法？

答：现在的物院专业特色很强，发展空间巨大。早期咱们学校的专业特色不是很突出，但恰恰是这一点成就了很多的人，因为没有特色就是最大的特色，大家可以凭借自己的兴趣决定要学什么东西，选择一条适合自己的路。自由的天空会带来无限的发展空间。

问：您认为大学中师生之间应该如何相处？

答：不同时代是不一样的吧！我们那个时候，师生的关系很融洽，一来是年纪相近，有共同语言；二来是当时可供选择的娱乐不多，大家能玩到一起。

现在情况就不一样了，大学已经不再是过去那样的封闭式象牙塔了，而是一个开放的小社会。规模大了，学生多了，师生间的接触与交流形式与过去不一样了。但我觉得，师生关系永远是真诚的，值得记住一辈子。

笔者手记

冷静、理性、睿智、幽默，哪一个才是郁宏彬真实的一面？或许，这些词的完美结合才是真正的他。

真诚铸就未来

1988 级物资经济专业校友 李力

人物特写

李力，北京物资学院 1988 级原经济系物资经济专业校友，现任广西金钱树能源投资有限责任公司董事长、北京摩云阁精密齿条股份有限公司董事、北京物资学院广西校友会名誉会长。

李力从汽车销售员一步步成为汽车销售公司的领头人，与他勤劳的工作态度和亲切且平易近人的为人处世方式有着密切联系。他通过自己的奋斗，闻名于珠海汽车销售行业，成为该行业的领军人，受到大家的尊重与敬佩。李力现在虽然跻身社会上游领域，但他仍然不沾烟酒，坚持自己的原则，崇尚身心健康，以充沛的精力和乐观的态度对待工作和周围的人。初见李力，通过与他的交流，记者发现他所散发的人格魅力，影响着身边的每一个人。

无私奉献，自强不息

李力当初以优异的成绩考入北京物资学院，通过自身努力又很快融入大学生活。他经常在系里的活动中担任组织工作，热心为大家服务，推动活动的顺利开展。经过同学们的民主选举，大二的他被推举为生活委员，管理班级内的物资和钱财分配，与同学建立了良好的同窗情谊，得到了大家的认可。大三时，他当选为团支部书记，这又是他为班级做贡献受到同学认可的一大体现。

由于家庭困难，李力入学时申请领取了每月 30 元的生活补助，以维持学习生活。除了学校的补助，他也自食其力，在校期间曾去建筑工地做过建筑工，每天起早贪黑，生活很辛苦。但是他怀着一颗感恩的心，对待同学老师以及学校给予他的帮助，注重同学关系的培养，默默地为大家付出。李力在感恩的同时，也信守承诺，懂得报恩。他在毕业时就还清了助学贷款，同时作为一名中共党员，还报名参加援藏行动以回报社会。

李力的大学并不总是只充满着艰苦奋斗的历程，据他回忆，他很怀念当时学校派发电影票，让大家能够去电影院欣赏电影，获得适当的娱乐、放松心情的日子。食品展销会是他历历在目的场景之一，成为大学时珍贵的美好回忆。舞会也是倾注了他很多心血的地方，在欣赏舞会多姿多彩的同时，他花费了大量的时间，牺牲了自己锻炼的机会，尽心竭力做同学的后勤后盾。李力的大学生活意义非凡，他用有限的时间，做了许多有意义的事，既锻炼了与人交往的能力，也培养了艰苦生活的毅力和乐于助人的优秀品质。

任劳任怨，勤勤恳恳

李力在大学毕业后，未能如愿参加援藏活动，而是回了广西，在县物资局实习，并等待学校分配结果。由于当时通信和交通的不便，他错过了学校分配的部长办公室当助理的工作。虽然留在北京能拥有更大的发展空间，但是迫于竞争压力，李力最终还是将留京的机会让给了一位他很认可的主攻贸易的同学。李力当时意识到在沿海工作能有更高的工资，他最终通过过硬的学历背景和个人能力获得了在珠海物资局工作的机会。而那时正是物资系统不景气的时期，刚毕业的李力抱着物资系统中工作人员文化水平都有所限制的心态，对自己的理想定位太高，工作与理想出现了落差。迫于生活压力，李力坚持了下来，同时也坚定信念要改变工作现状，调整好自己的心态，多做事，少抱怨，尽心尽责。虽然李力在物资局办公室的工作比较琐碎，但是他仍然积极做好工作准备，有条不紊，在做好分内事的同时，协助他人完成工作，并主动承担责任，不求回报。很快他就得到了大家的一致赞扬，并且也得到了领导的赏识，晋升为办公室副主任，获得了去海南学习考察的机会。

晋升至领导层后，李力仍然坚守着勤俭的生活态度，并且无时无刻不在热心助人，为他人考虑。当时还没有房屋居住，只能暂住在邮电局宿舍的他历经千辛万苦获得了分房的机会，最终还是由于善心将房子让给了更困难的员工，真正做到了不计较回报，舍己为人。而在作为补偿的分配自行车的机会面前，李力也还是挑选了最便宜的自行车，这足以体现他淡泊名利的品质。

1994年9月，由于物资系统的持续不景气，上级领导让他分管一个子公司，带领物资局的部分员工自负盈亏，开辟新业务。在缺少流动资金的情况下，李力向公司保安借了3000元作为流动资金，开始踏上业务之路。第一单生意赚点钱，勉强完成了当月员工的工资发放。李力在销售汽车时，亲力亲为，顾客至上，有着优良的服务态度，树立了信守承诺、能为大家所信任的招牌。

李力十分注重与员工的交流和相处。他对自己的同事总怀着感激之情，同时也善于发现员工的闪光点，提拔有能力的员工，让他们发挥更多的个人价值。也很注重与工作伙伴价值观的一致，不会为了完成一单生意而违背自己一直坚守的原则。工作上的李力一直都是大家的榜样，他将正能量传递给身边的每一个人。

心系母校，展望未来

回忆这几年母校的变化，李力提到以前学校很简单，周围都是田地，而现在周围商铺林立，学生们的生活也发生了巨大的变化。他说，每一次只要来北京他都会回学校的食堂吃饭，在校园里漫步，感受校园翻天覆地的变化。他感激母校给予他生活上的帮助，给予他学习理论知识、学习为人处世道理的机会。他也期待着能够回报母校，进一步实现自己的价值。

精彩对话

问：请问您觉得大学期间大学生需要把握哪些机会？您有什么建议？

答：大学期间大学生的思想是自由的，此时大家应该思考着做一些有意义的事，正确运用时间。同时大学生真正从书本上学到的很少，很多工作中也未必用得到，同学们应该多参加社会实践，接触社会，否则在不切合社会环境的情况下无法充分运用自己的本领。

问：您认为我们应该如何正确定位自己？

答：很多人大学时期理论知识不够扎实，也不懂实践，没有学过大学之外的社会关系学。在没有树立正确择业观的情况下，总觉得怀才不遇。我认为在工作过程中，不要高估了自己的能力，也不要低估了同事的能力。即使在工作上遇到了困难，自己也要能够及时调整，把它视为一次锻炼自己的机会，保持一个乐观宽容的态度。而且团队思想在工作过程中是很关键的，要乐于付出不抱怨，勇于承认错误，担当责任。

问：您觉得成功有什么必要因素吗？

答：人一旦有了一个明确的目标，在奋斗的过程中就不会觉得疲惫，遇到任何困难，也能甘之如饴。在提高自己素养的同时注重细节，能够做到对自己负责。待人接物要诚恳，因为你的态度很有可能会影响到身边的人。如果要成为一个领导者，就应该不计回报多思考多做，热爱自己的工作和单位，以获得技能为首要任务而不是名利。另外很重要的一点是，要坚持社会道德准则，坚持自己的基本原则。

问：您认为什么样的人是成功的？

答：成功是没有标准的，并不是钱或者权能够衡量的。总是有人在这两方面强过你，世界首富和国家主席都只有一个，也不代表其他人都是失败的。只有和自己比，自己越来越好，才是最重要的。

笔者手记

待人真诚、恪尽职守、以身作则的人即使起初埋没在人群中，最后必定能够脱颖而出，成为最耀眼的人。李力坚持自己的原则，屹立在汽车销售行业这么多年，始终能够得人心，最重要的原因：一曰存诚，二曰坚持。

有一种精神叫物院女足

1988 级会计学专业校友　史鸿

人物特写

（史鸿校友参加朝鲜马拉松，地点金日成体育场）

史鸿，籍贯天津，现常驻香港和深圳，北京物资学院 1988 级会计学专业，学校女子足球队队员；2003 年获得中国注册会计师资格，2005 年获得中国注册税务师资格，2009 年创办成立北京中金税税务师事务所（5A 级）；2014 年，在深圳首倡"健康生活 快乐工作"理念，得到深港 IT 界企业家强烈认同，与行业伙伴共同发起创立芯片行业健身协会——芯跑会，并出任名誉会长。

史鸿目前在香港和深圳主要经营管理两家公司，启祥国际科技有限公司（香港）和深圳市康力文广科技有限公司，主要从事全球知名芯片半导体产品和液晶面板的代理和分销业务，合作客户为国内外消费类电子及商显品牌厂商；跟 TCL、小米、创维、京东方、华星光电、视源股份、鸿合科技等厂家建立了长期合作关系，年销售额 20 亿人民币。

2017 年至今，以芯跑会为主导，发挥上下游资源优势，创立芯跑投资基金，成功发行南京芯跑一号基金、莆田芯跑二号基金，并发起筹备境外美元基金，分别配置政府引导基金投资、项目直投和并购整合型投资，专注芯片半导体、人工智能等前沿技术，集成电路、智能终端及云计算等智能产业，着眼国产半导体升级之路，集合上下游资源，为国产集成电路发展助力。

大学生活

说起关于物资学院的记忆，不能不提物院女子足球队。

女子足球队陪伴史鸿走过了大学期间的美好时光，现在回忆起来，当年她们驰骋在物院足球场上的画面仍然历历在目。

球场上的她们既有凶悍的争抢，又有睿智的组织协作，因此她们才能所向披靡，踢出了物院女足的声望，展现了物院人的风采。

源于对足球的热爱，让她们成了一个集体，也正是这个集体成就了她们，培养了她们的荣誉感，强化了她们的进取心。

时光飞逝，转眼间史鸿已经告别物院多年，从会计师事务所到税务师事务所再到芯片半导体分销，从财务管理到营销管理，从风控管理到投资管理，史鸿不断挑战自己，学习探究新领域。当年女子足球队不服输、敢打敢拼的精神，至今仍然是她取之不尽、用之不竭的精神财富。

用奋斗定义人生价值，在奔跑中抵达新的远方

史鸿除了利用工作间隙跑步，也经常用周末时间去外地甚至国外跑步，参加各种马拉松赛事，用脚步丈量一个陌生城市的历史文化、风土人情，乐在其中。

创业和马拉松一样，需要以最大的毅力、恒心和勇气完成挑战，边跑边思考人生问题，并且得到最好的答案；生活也和马拉松一样，需要用心、用情去对待。一个人可能会跑得更快，但一群人才能跑得更远，胜利不在于赢在起跑线和瞬间的突破，而在于持续探究和持续学习，不断挑战和突破自己。

校友寄语

我们的人生轨迹因为物院而交会在一起，值母校 40 周年之际，祝愿物院在刘校长的带领下，成为物流、投资等专业领域的优才摇篮和孵化器，愿物院每一位学子此去前程似锦，归来依旧少年！

作为师姐，我想跟各位在校的师弟和师妹们提几个建议：

1. 拒绝挂科，把自己该学的课学会了再谈其他的，尤其是专业课。

2. 多考证，拓展一些课外技能。

3. 少在宿舍待着，多去图书馆，多去运动场。

4. 利用好网络资源，管理好碎片化时间，背单词打卡，名著听书，别在该努力的年纪，选择躺着打游戏。

总之，奋斗的青春最美丽，我在南方等你们。

脚踏实地才能走得更远

1989 级财务专业校友　杨军民

人物特写

杨军民，北京物资学院 1989 级企业管理系财务专业校友，北京物资学院河南校友会理事，现任河南安普包装机械制造有限公司总经理。

锲而不舍，创造人生辉煌

同大多数创业者类似，杨军民毕业后选择了先就业后创业。他 1993 年毕业后在一个电子秤单位做了三年的出纳，凭借负责任的态度和勤奋的工作，当年被评为工厂里合格的两名员工之一。后来根据创业初期的经历和对当时市场的分析，他认为包装机市场发展前景很大。他认为自动化的要求越来越高，劳动力成本也会越来越高，在新的挑战中他看到了新的机遇。经过 20 年不懈地努力，他创办的安普公司已经成为国内同行的佼佼者，并成为国内定量包装设备优秀的生产者和研制者，其生产的产品已经出口到世界几十个国家和地区。采访时我们参观了位于郑州市高新区近 2000 平方米的公司办公大楼，这里具有世界先进水平的预制袋全自动给袋式包装机的规模化生产。在参观过程中，我们不仅为公司现代化的机器人操作技术发出惊叹，更为公司舒适的工作和生活环境而感动。"公司的目标不仅仅在于获取利润，让员工感到舒心更是我们的追求。"这就是杨军民的责任感，二十余年依然没有改变。

虽然公司目前的发展已经处于很好的阶段，但杨军民并不满足，有着更高追求的他又提出了"做百年企业"的目标和"致力先进的技术和产品，创造用户的成功和机会"的经营理念。他告诉我们，环境逼迫下一定要及时做出观念转变以适应环境，脚踏实地才能走得更远！

做自己喜欢做的事情

回忆起在校时的经历，杨军民骄傲地说自己当年是班长。然后他又笑着补充道，班级40多个人中一半多是有班级职务的，像班委会的、团委会的、学院的、学校的等。他当时的专业是财务，由于当时不了解专业的具体工作情况，直到工作后他才发现自己并不喜欢财务。由于当时国家实行计划经济，大学生毕业包分配，虽然不喜欢所学的专业，但就业也没有压力。结合自己当年的经历，他告诉我们，专业和工作的选择一定要听从于自己的内心和兴趣，学自己喜欢学的，做自己喜欢做的，只有这样才能投入，才能做出一定的成绩。

明确目标，学习不盲从

对于大学生如何为以后的工作做准备，他谈到提前做好职业规划尤为重要。他认为大学生对于将来做什么样的工作在校时就应该做好规划。明确自己以后的就业目标，利用在校的宝贵时间学习自己工作方向用得着的知识，这样在学校学到的知识才算是真正有用的。不要什么都学，没有目标的学习会浪费很多时间。倘若没有提前的规划、没有明确的目标，一个人不会在一个行业里一直做了20年，更不会做出今天这样的成就。他的提前规划和执着于自己目标的精神值得我们学习。

精彩对话

问：您认为大学生毕业后是自己创业好还是出国深造或者其他的方式好呢？

答：在我们那个年代，出国的还不太多。我们班的同学大部分毕业后留在了国内。对于是否选择创业，我认为这要根据个人的专业和性格来决定。因为我是做实业的，所以我认为自己创业比较好，做企业的市场是非常大的。就河南省来说，一个河南省的市场就相当于一个欧洲市场。总之，在中国的机遇和可选择的方式还是很多的，选择适合自己的就是最好的。

问：现在，如果在生活中遇到困难您是怎样解决的，用什么样的心态去面对？

答：这世界，不同的锁需要不同的钥匙，而且同样的锁，钥匙也不止一把，我只需要相信，找到n把钥匙中的一把其实并不难，努力去找就对了。

问：怀念你的大学生活吗？印象最深刻的大学生活是什么？您觉得最应该珍惜的是什么？

答：没有压力不受拘束的日子，毕业后很难有这样的日子。觉得自己在大学时候过得不错，起码学到了考虑问题的方式和方法，大学里面学到的知识可能用处不大，直接见效的很少，但思考问题的方式是在大学里学到的，还有就是运动吧，在上学时候形成的运动习惯，比如，早晨跑步，中午踢球。

笔者手记

同杨军民短短的一次交流使我受益匪浅。提前做好职业规划、确定自己的目标、听从于自己的内心和兴趣……仿佛是上了一堂生动的职业生涯规划课。已过不惑之年的他并不满足于已经取得的成就，他依然还有着更大的抱负和理想。

风一样的汉子

1989级企业公交物资管理专业校友 李俊

人物特写

李俊，北京物资学院1989级企管系企业物资管理专业校友，现云南丰泰投资管理有限公司总经理、昆明旭坤资产评估有限公司法定代表人。

"社会是不养懒人的。"幽默的李俊说出这句话的时候，棱角分明的脸庞上，炯炯有神的眼睛显得格外严肃，"只有不断地学习和奋斗，才能不被社会抛弃，才能超越时代！"

当下一个瞬间，谈到大学的同学，回忆学校趣事，他又恢复了一贯的轻松与亲切。他是云南校友联络会的负责人，用他的话说，就是爱张罗，喜欢把大家聚在一起联络感情，他只是出点力做点事而已。这就是李俊，性格开朗、乐观，有活力，热心肠。

母校回忆，成就不凡

"我还记得上大学的第一天，因为路程太远，我又没计算好，买了早一天的火车卧铺票，早上六点左右一下火车，学校还没开始接站呢。我就把行李寄存在火车站，一路走一路问，直奔心中向往已久的天安门广场。那时的天安门还在戒严，远远地望着雄伟的天安门城楼，心里特别自豪，我成了北京物资学院的一名学生，从此可以生活在北京啦！"

"逛了一圈回到火车站，青春年少的我荷尔蒙爆棚，一点都不觉得累，大包小包地拎着行李跳上公交车，一路颠簸到了通州区。在结研所下了车后，我就傻眼了，周围大片农田，路上人烟稀少，大学在哪呢？后来，用一包'红山茶'香烟的代价，在路边搭乘邓家窑农民的小马车，终于找到了北京物资学院。"

这个初入大学时发生的小故事，却是李俊刻骨铭心的回忆，那是18岁飞扬的青春，那是激情燃烧的岁月。高中时代，李俊给人的感觉黑瘦羸弱，可到了北京，整个人像小火山爆发一样，每次运动会他积极参加各种项目，100 米、200 米、400 米，跳高，短跑接力，尤其短跑成绩仅次于那些体育特招生。他特别爱踢足球，他说："当在绿茵茵的草地上奔跑的时候，我就忘记了一切，觉得自己就像风一样。第一次比赛，一脚中场附近的远射，射出了个系队队长。"说起大学的巅峰战绩，李俊满是骄傲与自豪，仿佛又回到了意气风发的大学时代。

坎坷经历，自强不息

大学一毕业，李俊被分配到云南省化轻建材总公司，当上了总经理秘书。工作中，他严格要求自己，踏实苦干，短短一年，无论是专业能力还是待人接物能力都得到了极大的提升。1994 年他被云南省物资局派驻到北京商品交易所做出市代表红马甲，在北交所的四年，期货带给他成功的喜悦，但更多的是许许多多惊心动魄的经历。紧接着 1997 年大整顿，国企纷纷退出期货市场，李俊离开了北京，回到云南省轻化建材总公司，开始做现货与贸易相关的工作。

国企朝九晚五的生活让李俊感到压抑，一颗不安分的心在跳动，这个风一样的汉子期待更广阔的天地。1998 年，他果断辞职，开始追逐自己的梦想。

接下来的几年里，是李俊最坎坷艰难的时期。他在各个行业闯荡，在房地产公司做过销售经理，开过旅行社，甚至在批发市场开了皮鞋店，成了整天吆喝的小老板。

"男人要像山一样，立得起站得住！"老岳父的一句话，让李俊醍醐灌顶，一个人不管干什么都要有一技护身，这样才能立于不败之地。从来没有接触过评估、会计的他，买了几本考试专用书，开始疯狂地自学。恰好那时他参加昆明市的业余足球联赛右脚踝关节骨折，在家休养时每天只睡两三个小时，于是疯狂看书，一天他的眼睛突然看不见了，到医院检查，医生说用眼过度引发了短暂失明，要多休息。功夫不负有心人，经过小半年时间的努力，2000 年李俊考取了中国注册资产评估师、会计师、经济师，和校友一起合伙创办了昆明旭坤资产评估有限公司。

这时的他又来到了一个人生的岔路口，是成为一个评估专家有稳定不薄的收入，还是在人生的大舞台上体验更多的角色？李俊选择了后者，他合伙创办了云南丰泰投资有限公司，1999 年操作了云南省第一个 BOT 项目，在公司不断发展的过程中，紧跟中国经济前进的步伐，作为各级政府和投资人的顾问，他带领团队参与了云南省国企改制工作，成为 30 多个企业的改制顾问；受聘作为云南省政府"治污"领导小组投融资部，成功策划操作了多个市政基础设施的 BOT、BT 项目和治污项目，为云南省住建厅编过书和培训教材，还给全省的住建行业干部讲过课；现在又积极参与云南省多个 PPP 项目的策划、评审和投资建设中；积极参加社会活动，加入云南省九三学社，这些都是人生难忘的经历，是人生宝贵的财富。

回顾自己的工作历程，李俊显得很轻描淡写，他说："我喜欢和人打交道，用乐观、积极、朝气蓬勃的心态去对待工作和生活，在帮助别人获得价值的同时还能做一些对社会有益的事情，自己的人生也才有价值！"

精彩对话

问：你觉得社会需要怎样的人？

答：社会是不养懒人的，暴发户们吃不了社会一辈子，这是通货膨胀的力量，没有人能抵抗。所以你能做的就是通过不断地努力，创造更多的财富，实现自己的价值、理想。

问：你觉得对于刚毕业的大学生什么比较重要？

答：对刚毕业的大学生来说，职业训练很重要，谦卑的心、谦虚的为人，这是进入社会必须要有的态度。大学生年少轻狂，不懂得什么叫尊重、什么叫严谨，只有棱角被磨平，在社会上积累一定经验的时候才会有所收获。

问：你走到现在，最满足的是什么？

答：幸福的家庭，健康的身体，快乐的生活，拥有这些才是人生赢家。我希望能像山一样，让妻子能依靠，让孩子站得高。我的家庭非常和睦，幸福指数非常高。

还有就是老同学能经常相聚，彼此之间感情深厚。每个周末，我们都要一起踢足球，还经常组织球队去外地比赛，逢长的假期还一块儿去爬雪山、过草地、户外徒步，老同学们雄风不减当年呀！

做着自己喜欢的工作，有温馨美满的家庭，有一群踢球的球友，我感到相当满足。

笔者手记

李俊身上散发着一种热情，带着一股正能量，让人如沐春风，形成了他独有的气质——积极向上、坚韧不拔、充满斗志。

梦想还是要有的，总会实现的

1989 级劳动经济专业校友　王孝伟

人物特写

王孝伟，北京物资学院 1989 级经济系劳动经济专业 89121 班校友，曾先后在中国物资储运大连公司、国美电器、深圳市怡亚通供应链股份有限公司工作多年，现任中国物流泰安有限公司总经理。

12 年班长路

从小学到高中，王孝伟做了 12 年的班长，说起他当班长的这 12 年，王孝伟收获很多。上了大学，当久了班长反而更想回归普通同学，所以在大学里，虽然班主任老师和同学一致挽留，他还是当了一届班长后辞职了。班长不只是个头衔，它的背后，又多了一份责任、一份担当，班长想的不再只是自己，而是要顾全大局，学会去权衡更多的事情，去理解和包容更多的事情。

这12年班长路，就足以让王孝伟成熟很多。在后来工作中，这种"班长精神"也深深地影响了王孝伟，每每遇到挑战，尽管有时会怀疑自己的能力，但他从未想过放弃，因为班长不能让同学们失望，所以总会尽自己最大的努力去直面挑战。

"人品""人才"孰重孰轻？

王孝伟在给自己企业选拔人才的时候并不是特别传统。他认为一个人最重要的不是学历，而是人品。如果说一个人缺乏正直的品格，他越是有知识、有才华、有成就，往往给企业造成的损失会越大。一般的企业缺资源、缺技术、缺资金、缺市场，但事实最缺的还是人才。而王孝伟认为在他的企业里最缺的不再是人才，而是人品。知识可以去学习，人才可以去培养，但是人品却是多年沉淀的结果。

人品好的人，有良心，能做到对所做的事情负责，尤其是在物流行业，踏实肯干才是硬道理。而现如今"人品"变成了社会最稀罕的资源。

在物流、供应链领域执着躬耕近30年的职业经理人

王孝伟认为成功并不一定要创业，每个人境遇不同，追求也应有差异，但凡能发挥自身所长为社会做些奉献，那也是一种成功。王孝伟毕业的20多年间，先入职央企，兢兢业业磨砺十年，从职场小白成长为管理资产数亿的子公司负责人；随后没有留恋，转头又踏入民企从部门经理重新起步，在国美电器和怡亚通分别工作3年和13年，再次负责一方天地。踏着社会进步的节拍，在实践中不断学习物流和供应链管理前沿理论，付诸实践，再学习，再提升，数十年专注于深耕物流这片田地，终于成为该行业的职业经理人，最近再回央企，任职中国诚通旗下中国物流泰安公司总经理。

精彩对话

问：在大学里给您印象最深的人或事可以谈谈吗？

答：要说印象最深，就数开学报到当天了，当时满怀希望地坐火车来到北京，但随着校车不断驶离繁华的市区，心情也随着道路两旁的景物越来越低落，等来到校门外的邓家窑村，那颗心真是稀碎稀碎的。好在一进校门下了车，迎新的师兄、师姐们的满满热情瞬间就修复了我们受伤的心灵。校友情、同学谊自入学开始至今30余年了，越发变得厚重。

问：您做物流已经有很长时间了，能否谈谈对于物流这个行业的发展？

答：经济的繁荣、国家的开放，物流需求也愈加旺盛，各大学的物流专业也一度暴热，觉得自己赶上了很好的时机去从事物流事业。但是物流企业越来越多，同行竞争压力越来越大，导致物流行业出现诸多不规范现象，单纯的价格竞争使得劣币驱逐良币，专业化、集约化、高质量运营的成规模现代物流企业少之又少。不过随着近几年国家对物流、供应链作用的不断深入了解，宏观政策也不断向行业倾斜，消费者对物流终端交货质量的倒逼，质优价高理念逐渐被大众和社会接受，顺丰、京东等头部物流企业也逐步壮大起来。随着国家一带一路倡议的实施，对外开放进一步推进，我认为中国的物流产业也会不断做大做强，会随着制造等产业的发展和输出，像20世纪90年代外资物流企业一样不但深耕国内而且会走出国门，并为推进供应链优化、降低社会物流成本做出重大贡献。

问：您认为大学里学习是最重要的吗？在您的企业里看重学习成绩吗？

答：首先，大学还是应该以学习为重，但是不能死读书，读死书，要广泛涉猎，通过学习不断开阔视野、拓展思路、提高逻辑思维能力；学习成绩不见得是最重要的，我们学校的专业侧重经济和社会管理，你毕业后所从事的职业很少会与所学专业对口（或许期货专业除外），在大学里学到的知识90%都是运用不到工作中的。因此用人单位看中的不仅是你的成绩单，而更多是你的品行、你的能力、你的工作热情和你是否愿意用心用脑去思考问题。

笔者手记

在任何一个行业发展都是一个艰辛的过程，每个阶段都存在着许许多多的问题及挑战。只有不断攻克前行路上的各种难关，才能取得胜利。

踏实肯干 厚积薄发

1989级金属材料专业校友 李向东

人物特写

李向东，北京物资学院1989级金属材料专业校友，河北物流集团沧州有限责任公司副总、北京物资学院河北校友会秘书长。

李向东现在主要从事河北物流集团沧州有限责任公司的市场开拓业务。河北物流集团沧州有限责任公司创建于2008年8月，通过重组当地物流企业，整合物流资源，担负建设、运营沧州综合物流园区的职责，是具有仓储、运输、配送、装卸运输、货运代理、商品销售、二手车交易等综合服务功能的第三方物流企业。2013年，为了提升沧州公司整体盈利水平，扩大业务量，河北物流集团经慎重考虑，把在河北华通金属材料有限公司的子公司——邢钢公司任经理的李向东调往沧州，主抓沧州公司的市场开拓业务。

青春追梦，梦在物院

初见李向东时，就被他一身的质朴所打动，在社会打拼多年的他，洗去了初入社会时的焦躁，保留了存在他内心深处的朴实。采访之初，李向东就对他的大学生活展开了回忆。当回忆起母校的点滴时，平时不善言辞的他也开始滔滔不绝地讲述起来。他说，这几年因为自己在校友会任职，回母校的机会也比较多，发现物院的变化很大，有了二教、新图书馆、新操场、新的综合楼等。这一切和他们那时的物院相比发生了很大的变化，而这些改变确实让他感到很欣慰。当时的物院很闭塞，也很荒芜，周围都是邓家窑村的庄稼地，虽然基础设施不是特别齐全，但是李向东表示，当时他们的课余活动还是给他留下了很深的印象。他说："那时候大家会在课余时间一起去运河边上玩，当时运河边上的景色还不错，污染很少，河中还会有鱼虾。还有就是当时学校里会有广院的名人来演出，那时的演出票还不算贵，所以大家也会一起去看看电影，看看演出。"李向东还提到，当时他作为河北考生来到物院，内心也像其他大学生一样有很多憧憬，也希望在物院通过努力去实现自己儿时的梦想，他确实也这样做了，在学校刻苦读书，积极参加各项活动，为将来走出物院打下了坚实的基础。当问起他在物院有什么遗憾时，他说："遗憾的事还是有的，那就是自己学业还应该再提高一些，但是时不我待，青春一去不复返呀！"因此，他告诫我们，要抓好在物院的学习机会，不要浪费时间，虽然这是老生常谈的话题，但是真的需要谨记。

千里之行，始于足下

刚走出物院的时候，李向东被分配到公司，这一干就是 15 年。在这期间，他分别在宝钢上海、租赁公司、邢钢集团工作，直到 2013 年他被公司安排到沧州有限责任公司工作至今。回顾这些年的工作历程，李向东感慨道："这些年，我一直秉承踏实肯干的精神，无论从刚开始的科员到现在的副总，我都是兢兢业业、踏踏实实地干好我的每一份工作，从来就没有想过晋升和加薪。可以很负责地说，每次我的职务调动都是被动的，都是领导看中我的敬业及开拓精神，主动要求我去担更重的担子。"李向东还表示，现在好多刚毕业的大学生，好高骛远，不切实际并且深受"托关系，走后门"等社会不良风气的影响，无论在工作还是生活当中，都把握不住正确的方向，这都是不可取的，很多人抛弃了"踏实肯干，兢兢业业"的精神，没有做到厚积薄发，在一开始就要求各种福利待遇，钻社会的空子，这些人无论在什么时候都是会碰壁的。即使你一开始得到了某些好处，但是终究有一天你会跌倒，这就像没有夯实地基的大厦，无论多么豪华与气派，到最后只有轰然倒塌。

心系物院，学会感恩

作为一名毕业多年的物院学子，李向东无时无刻不牵挂着自己的母校。李向东说，在物院的日子，是他生命中最为可贵的时光，不仅丰富了他的学识，而且锻炼了他的意志，为他将来的发展打下了坚实的基础。他告诫所有在物院学习的学弟、学妹："人不可能一步登天，都是需要厚积薄发的，只有踏实肯干，才能一步步迈向成功，'不积跬步无以至千里，不积小流无以成江海'，所以我们都需要认真踏实地做好自己，并且要做到心系物院，学会感恩。"这些年，学校校友工作开展得如火如荼，李向东积极投身于学校校友工作的建设，回馈母校。作为河北校友分会的秘书长，他认为，河北校友分会刚刚成立，日常性的工作和活动不是很丰富，但是他们会尽全力支持学校校友总会的所有活动，并且积极开拓新的日常性的地区性校友活动。李向东说："校友会的发展需要更多年轻的力量来担当起日常的工作以及一些活动的组织，我也正在找合适的人，来实施这个工作。"李向东还表示，今年校友会举办的暑期走访活动，形式不错，内容丰富，不仅拉近了校友与母校的联系，还锻炼了在校生的实践能力。以后河北校友分会，也会积极面向物院在校生开展各种活动，以回馈母校的培育之情。

精彩对话

问：那您觉得参加社团活动对我们大学生有没有益处？

答：对于你们是很有益的，可以提升个人的阅历，提高自身的能力，尤其是像这种走出去的活动，对你们有很大的帮助。

问：现在就业压力很大，所以有好多同学选择考研、考公务员或者出国，您怎么看这个问题？

答：这些都要看自己的兴趣爱好，不管你选择了什么都要看自己，不管你干得好不好，都是看你自己。

问：您对大学里爱情的看法是什么样的？

答：这个每个人的看法不同，但是作为一名大学生，还是要慎重选择。尤其是对恋爱过程的把握十分重要，而且还要与父母沟通，包括双方的家庭情况也有影响。

问：您怎么看待现在大学生出去做兼职的情况？

答：做兼职也不是不可以，不一定是为了赚钱，在其他方面也是有好处的，但一定要合理安排时间，不能耽误学习。

问：您怎么评价您自己呢？

答：我认为就是四个字：踏实肯干。我是学东西比较慢的，但是我会踏踏实实地学，包括我从不托关系，都是靠自己，而且基本上每次升职都是被动提拔的，没有主动要求的。

笔者手记

从一名懵懂的大学新生，到现在阅历丰富的公司领导人，他始终心系物院。在这漫长、坎坷的成长道路上，物院的一切都不时地浮现在他的眼前，给予他力量，给予他信心，激励他不断向前。而他饮水思源，无论何时何地都没有忘记物院的培育之情，都没有忘记自己是物院那棵茁壮成长的大树结下的果实，他就是朴实无华、踏实肯干的李向东。

情洒物院　感恩奉献

1989 级仓储运输管理专业校友　陈金发

人物特写

　　陈金发，北京物资学院 1989 级管理工程系仓储运输管理专业校友，曾任北京物资学院校友总会副秘书长、广东校友会常务副会长、广州市黄埔区第九届人大代表、广州惠尔通物流有限公司董事长。

　　陈学长毕业后一直从事着自己所学的物流行业，现在已经有了属于自己的物流公司。尽管事业有成，学长依然保持着谦虚、勤奋、不断学习的生活态度，每天作息时间很规律，保证早起早睡，并且会抽出一定的时间看书学习。

　　校友是学校的一笔宝贵财富，他们怀着感恩的心支持着学校的发展，陈学长就是其中杰出的校友代表之一。陈学长为此次采访精心准备，以此前在北师大珠海分校讲座上分享的内容作为交流主线，穿插自己的经历，结合我们的兴趣点，和我们做了三个小时的交流分享。

懂得感恩，无私奉献

陈金发对我校校友会的各项活动都很热心。他一直都积极帮助有困难的校友，不仅自己捐钱，而且还鼓励周围有能力的校友伸出援助之手。陈金发的爱，不单单播撒给物院，现在他还有另一个身份——北师大珠海分校的客座教授，有时会做客北京师范大学珠海分校，给同学们分享自己的奋斗足迹。

他是位做生意的人，然而他与许多生意人却不同。以前谈及生意，想到的便是做买卖，甚至无商不奸。然而与他的对话让我们明白，生意并不简单地等于做买卖，做生意还要先学会做人做事，只有品行端正、懂得感恩、懂得奉献，才能把生意做得长久。

陈金发事业上的成就与他谦虚、奉献、懂得感恩的品质和积极乐观的生活态度是分不开的。同时陈金发也是个喜欢思考的人，他的QQ空间日志就是他思考的记录，陈学长会把每天生活的感受都写下来，分享给大家。

陈金发教我们，少一分做作与浮夸，多一分踏实与真诚。这也是他的生活态度，他在家时听母亲吩咐白天不开灯，在酒店也不会浪费电和水。就是这样一位朴实无华的成功人士对我们徐徐道来他的人生经验。感谢物院，感谢陈金发，让我们有了这样学习的机会。

真诚救助，德耀物院

对于感恩，陈金发并不是纸上空谈。

陈金发和我们分享了这样一件事：2008年，我们的一位校友，分配到了河北一家国有建筑企业，上班地点是厦门的某工地，不到一个月，查出了白血病。他的家中只有姐姐有工作，父母没有收入，这个单位以试用期为由支付了部分治疗费用后就终止了与该校友的合同，姐姐为了支付弟弟的医疗费用，把准备拿来买婚房的钱全部拿出来，还是不够20万，为此，北京、上海、厦门、广州等地的校友们纷纷捐款，第一次筹集了近15万元，还有5万元左右的缺口，为此，上海的顾哲打电话给他，希望广东校友会再出点力，当天下午他就安排妥当，晚上把大家集中到华泰宾馆去聚餐，让大家做二次的爱心捐款，当安排好晚上的列席人员名单后，天就开始下雨了，他当时就默想，这个孩子一定有得救，因为，老天也开始感动了。当天晚上，广东校友会就把需要的资金筹集完毕，随后，这位校友的匹配骨髓也找到了，手术非常成功，没有发生排异反应。2010年校庆的时候，学校还特意把在北京市获得一等奖的以该位校友为原型的"爱心接力"舞台剧搬上了舞台。

这样的救助，不是一个两个校友的力量就能完成的，这位校友是幸运的，在大家的关爱下能够恢复健康，驱除病魔。这件事会鼓励我们去帮助更多需要帮助的人。也希望物院的校友们都能亲如一家，我们都是物院人。

精彩对话

问：您是怎样看待您在北京师范大学珠海分校演讲的题目《做人做事做生意》的？

答：生意从某种层面来理解就是生命的意义，当然，有些人会把生意作为生存和生活的意义。不要把做生意简单地等同于做买卖，做生意要先会做人做事，只有一个品行端正，懂得感恩、懂得奉献的人才能把生意做得更长久。

问：您刚才谈到感恩，我们都知道您对母亲的爱很深，请您和我们分享下您和母亲的故事。

答：在北师大珠海分校的讲座上，经过与校方沟通，我把妈妈请到了教室，这是为了圆母亲一直希望走进大学课堂的梦。小时候，因为自己的贪玩，脚被烫伤了，给妈妈造成了很大的担忧。在北师大校园内，母亲两次提起了我烫伤后她和爸爸如何轮流背着我，爸爸如何去找中草药给我治愈的经历。在珠海酒店，母亲不允许我在白天开厕所灯。母亲谈道，不可以浪费酒店的电，你在家里白天也不开灯。虽然母亲不识字，但母亲说的许多道理，都一直影响着我，母亲说过的一些话，时常在我心中浮现。

问：您对自己公司名字中的"惠尔通"是怎么理解的？

答："惠及大众，通达天下"，树是大家栽的，果实也会属于大家。

笔者手记

三个小时的采访，听了陈金发的精彩进述，给我们上了生动的一课。一个成功的企业家怀着一颗感恩的心回报母校，回报社会，回报家庭，这是怎么样的伟大和无私啊。"吃水不忘挖井人"的精神在他的身上体现得淋漓尽致，给我们留下了深刻的印象和深深的感动。

坚持不懈　抓住机遇

1989 级原管理工程专业校友　蒋宗辉

人物特写

　　蒋宗辉，北京物资学院 1989 级原管理工程专业校友，现任桂林市超辉物资贸易有限责任公司总经理。

　　初见蒋宗辉，他和善的眼神就给记者留下了深刻的印象，不时响起的电话，更让记者们感受到了成功人士的繁忙。交谈在漓江边进行，优美的环境，给这次轻松的采访增添了几分诗意。工作之余保持每个星期打两三次羽毛球，成了蒋宗辉生活的一部分，周末到郊外休闲游览，这些也都成了他工作放松的一种方式。桂林小城生活的慢节奏，让蒋宗辉追求一路向前之外，更要去欣赏沿途的风景。

曾经的简单与快乐

一种巧合，也是一种缘分，蒋宗辉在刚好毕业 20 年之际，接受了记者们的采访。他自己说道，他刚从北京回来，参加了班级组织的毕业 20 年回访母校活动。在谈起母校的变化时，蒋宗辉的言语中明显带着些许激动。他说，相比 20 年前，母校确实变化很大。他们曾经的宿舍现在变成了女生宿舍 12 号楼。在清真食堂吃过饭后，不禁感叹道，学校不再需要食品展销会了，这样的食堂足以满足学生的胃口。说起食品展销会，这是每个经历过的校友都会念念不忘的活动，那个活动承载了他们曾经的年轻岁月，因此，能得到如此的好评，也足以见得学校食堂的伙食很受欢迎。

回忆曾经在物资学院的生活，并不出众，但却时时充满欢声笑语。广被赞扬的食品展销会自然不用多说，那是他们共同的节日。丰富美好大学生活的还有在运河边散步，周末的时候约上几个要好的同学踩单车进城，还有伙伴之间打桌球等活动。这些看似平常的活动，在蒋宗辉回忆起来，如今都成了珍贵的财富。这是纯洁的友谊，是青春的痕迹。

坚持创业，等待机遇

1993 年从物资学院毕业以后，蒋宗辉被分配到了广西区机电桂林分公司。在那里，他度过了五年的国企生涯。工作中任劳任怨，从保管、内勤、业务各个岗位一路做过来，甚至帮工人搬运货物、做各种杂事、加班，积极帮助他人。这些看似琐碎的工作，让他得到了方方面面的锻炼，并且保持了良好的心态。在社会这个大学中，他学会了生意上的人际交往，也因此接触到了以后从事的行业。虽然辛苦、忙碌，但是在这背后他得到了同事和客户朋友的好评，同时业务能力也得到了锻炼和提高。这些都为他以后自己创业打下了坚实的基础。

1998 年，蒋宗辉带着极大的决心，告别了铁饭碗，从国企出来，与朋友一起成立了新公司。在这之前，他看到焊接这个领域在桂林地区的空白，然而这个行业在南宁以及柳州都已有人涉猎。虽然这是个针对性极强的领域，但是鉴于桂林市场的一片空白，蒋宗辉毅然决定开启这空白的篇章。创业过程中遇到无数困难与挫折，刚开始的两年，企业的经营没有任何起色，收入与支出勉强持平，艰难地维持着生计，合作的朋友坚持不下去，便一走了之。到最后没办法时，他只好把夫人叫来帮忙，还将业务用的电话拿出来作为公用电话，赚取一点收入以维持日常开支。看准桂林焊材经销市场的空白，带着坚定的信念，克服经营的种种困难，蒋宗辉与夫人一起坚持着，艰难地等待着机遇的来临。

终于，机遇总是眷顾有准备的人。蒋宗辉准备了两年，两年之后机遇眷顾了他。正逢四川大西洋焊接材料股份有限公司想在桂林找经销商，这是个非常专业的领域，而蒋宗辉公司经营的专业性质与他们的要求十分吻合，再加上蒋宗辉本人看上去非常诚实、讲信用，焊材专业知识也很丰富，又有国企相关工作经历，大西洋决定与蒋宗辉合作，于是一次性给了他20万的铺底货物。就这样，蒋宗辉抓住这次难得的机遇，给大西洋公司交上了一份满意的答卷。两家公司开始了长期的合作，至今为止仍在继续合作。通过与大西洋的成功合作使得蒋宗辉公司品牌得到认可，打开了桂林的市场，也慢慢奠定了桂林超辉物资贸易公司在桂林焊接市场的地位。时至今日，蒋宗辉已经把产业发展到了南宁，在南宁的南宁市源鸿鑫贸易公司目前也初具规模。而处于桂林的公司，更占据了焊接领域1/3的市场份额。目前他的脚步正在稳定的外拓中。蒋宗辉告诉记者，无论是做生意还是交朋友，我们都应该考虑双赢的局面，而不能只关心个人的利益。只有双赢生意才能继续，友谊才能持久。

母校情怀，寄语学子

回忆过去，蒋宗辉总结了自己20年工作生涯的经验，向在校生给出了诚挚的建议。蒋宗辉说，在校生首先要了解自己到底想要干什么，在有了明确的目标之后，以目标为导向，有目的地参与学校的活动，培养自己特定的能力。另外，如果无法确定自己的目标，可以在学习与生活中多接触，甚至在毕业后可以选择多个领域去尝试，从中找到自己的兴趣点，找到自己的位置。这是确立工作目标的一方面。同时蒋宗辉也十分注重个人的思想修养。当记者问到，如若选择招聘应届毕业生，他最先的考虑时，答案是个人的思想品德。原因是无论什么工作，思想品德处于第一位，业务能力的强弱是其次，因为这个在后天的学习中可以培养，也可以请教他人，唯有思想品德不能强求，这是一个人在长期的生活中逐渐形成的。因此，蒋宗辉告诫在校生，珍惜同学情，在点滴之间提升自己的道德修养。在谈到应届毕业生的问题时，蒋宗辉给出了如下建议：可以选择一个小公司作为跳板，因为在小公司中需要独立解决的问题往往较多，也涉及多方面，这种广泛的涉猎能够帮助毕业生有一个更好的全局意识，同时也培养了自己的综合能力，有了这样的工作基础之后，再进入大公司就会如鱼得水。这是对于在校生的谆谆教导，对于在校生来说是一笔不可多得的财富。对于母校，蒋宗辉提出，母校现在要做的是提升自己的知名度，提高自己的竞争力。可以通过合并来扩大自己的教学规模，同时办好特色教育，这是提高知名度的一条捷径，希望母校能牢牢把握。

精彩对话

问：很多大学生在校期间选择出去兼职，积累社会经验，您对此看法如何？您觉得应该选择什么样的工作更有利于大学生的发展？

答：出去兼职，积累社会经验，这种做法无可非议，我本人也十分赞同。无论什么样的行业，只要你去做了都很好。因为在这样的兼职中，我们要学到的是如何与社会去打交道，如何处理与顾客之间的关系。在这期间重要的是自己的态度，是对自己吃苦耐劳能力的锻炼，至于专业的实践，在以后的工作中可以更深刻地学习到，所以不要挑剔工作。

问：在求职过程中，你认为物资学院毕业生有哪些优势和不足？

答：物院的校友，在现在看来优秀的比率还是比较高的，这说明我们物院培养的人才有适应社会的优势。我想这源于学校本身轻松的管理，更加符合社会的现状，学生在校期间，养成了自我约束的好习惯，这是我们优秀校友率高的一个重要原因。毕竟在现在的社会中，一心只读圣贤书的人并不占优势，而我们的学生综合能力和适应社会的能力都较强。再者，物院不比一些百年老校有较广的知名度，所以作为物院的毕业生，我们更要向用人单位展示我们诚恳的一面，以提高自己的竞争力。

问：这些年在社会的打拼中，您是以什么态度来面对生活的？如何平衡生活与工作的节奏呢？

答：首先我选择了一个生活节奏较慢的城市，这是我自己现在较为满意的一个选择。在紧张的工作中，我尽量寻求精神与物质的平衡。没有夸夸其谈的雄心壮志，只是追求在满足基本需要后的开心就好，追求自己的幸福感。

问：您的工作十分繁忙，还要参加校友会的一些活动，您是怎样看待校友会活动的？

答：校友会是一个非常有意义的组织，不同行业的校友通过这个平台相互交流，碰撞出信息的火花，这无论是对学校还是对校友本身都有利，是一个很有益的活动。另外校友之间的情谊，我们也非常珍惜，并且希望通过校友会这个平台，将物院情一代代传递下去。

笔者手记

采访在美丽的漓江边进行。青山绿水间，交谈不知不觉已持续了一个下午。采访期间，蒋宗辉从自己的从业经历出发，总结人生的成功与失败，向记者诚恳地说明如今社会的现状与压力，通过分享他的经验，使得我们从中学到了持之以恒、等待机遇的生活态度。

下篇

追求卓越　开创未来

（1990级一）

努力造就成功、责任成就人生

1990 级企业管理系　蒋仕波

人物特写

蒋仕波，浙江人，北京物资学院 1990 级企业管理系校友，多年奋战在期货市场，现任北京物资学院浙江校友会副会长、北京物资学院期货校友会会长。

快乐学习　积极生活

蒋仕波是一个乐观主义者，他一直提倡积极运动、快乐学习。刚来到北京物资学院的时候，蒋仕波很失落，满怀豪情壮志来到北京，却发现北京物资学院远不及自己预想。在采访中他笑称自己是来到了玉米地，从农村又来到了农村。但是，他很快振作起来，开始了他丰富而有趣的大学生活。蒋仕波在大学里注重自己的能力培养，有较强的集体意识和团队精神，先后担任过团支部书记、校学生会体育部部长等班级干部和院系学生干部，还参加了很多社团和学生活动。在这些社团和活动中，他学到了服务精神和竞争意识，学会了很多课本上没有的知识，学会了与人交流合作，从中磨炼了自己的意志品质。

蒋仕波酷爱篮球，在大学时，他只要有时间就会去打篮球，"永不放弃，团结拼搏"的篮球精神深深地影响着他。大学里，他每月只有 100 元的生活费，在那个时候算是很少的，但是他省吃俭用从不给家里添麻烦，利用各种打工机会勤工俭学。蒋仕波并不是一个读死书的绩优生，他爱折腾、能折腾，这种折腾精神也为他积累了很多实践经历，为他今后开创事业奠定了基础。

努力成长　稳步向前

大学毕业后，蒋仕波因为兴趣选择从事期货行业，但他在物资学院的时候并不是期货专业的学生。作为零基础的从业者，蒋仕波从入门开始就苦下功夫。在没有人教、没有人带的情况下，他自学钻研、勤学苦练，生生地啃下来一本本专业教材，逐一吃透、弄懂。梅花香自苦寒来，宝剑锋从磨砺出，苍天不负有心人，他的努力慢慢开始有了回报，他成为公司里成长最快的员工。凭着爱思考、勤钻研、善交流、能合作，他渐渐地在期货市场中如鱼得水，事业开始稳步上升。

面对压力，人往往习惯退缩。但是对于蒋仕波来说，压力反而是动力。从最开始进入期货行业，到后来在公司遇到一系列挑战，面对巨大的压力，他总是迎难而上，逼着自己往前走，而这种信念与他所坚守的"永不放弃，团结拼搏"的篮球精神不谋而合。在期货行业摸爬滚打 20 多年，回忆走过的路，蒋仕波坦言并没有获得成功的喜悦，他经历了太多的挫折，也没有在沧桑中沉沦颓丧，一直保持着低调谦逊，彬彬有礼，毫不张扬。

心系母校　心怀感恩

蒋仕波对母校一直心怀感恩，对母校有着无限的思念，同时更有一种责任和担当。作为物院浙江校友会副会长，蒋仕波非常热心关注和扶持校友的事业建设和个人发展。他希望借校友会平台能为母校做好事、做实事，尽自己的一份力量，更好地帮助有需要的学弟学妹，助力母校教育事业发展。

作为期货界的传奇人物，蒋仕波经常与北京物资学院的老师和同学们互动交流，分享行业领域的前沿知识和实践经验，将自己在业界的经验教训和感悟体会无私地分享给母校师生，为学校培养高水平应用型人才提供力所能及的帮助和支持。

蒋仕波说："在北京物资学院四年的大学生活是我人生中一笔非常宝贵的财富，希望能尽己所能回报母校，无论是现在还是将来。"蒋仕波校友虽然已经毕业多年，但时刻对母校心怀感恩，无私无畏地承担起自己是"物院人"的使命和担当。同时，蒋仕波还联合其他志同道合的校友一起为物院做公益事业，包括组建校友企业、组织校友论坛等，从物质和精神层面上为物院增光添彩。

精彩问答

问：结合您的经历，您认为学校所学知识与工作所用到的知识有哪些区别和联系？

答：区别在于书本知识偏向理论，工作中必须落实到实践。理论指导实践，就是需要先学习专业知识，再去实践你学到的知识。如果把两者弄颠倒，会吃很多苦头。尤其对于期货专业的同学，专业知识过硬是入行的基本要求。

在校时总觉得所学的东西没用，后来工作后才发现当初看似无聊的物资和材料等专业课程，在商品期货交易中都派上了大用场。所以，对于学校精心安排的专业基础课学习不主观偏废，在今后的工作实践中才能温故知新、触类旁通。

问：您在社会上打拼了这么多年，人生阅历积累很丰富，您认为刚开始工作的大学生最需要什么样的品质？

答：首先，必须要有过硬的专业能力，零基础也没有问题，但是必须得狠下心来学习。个人努力很重要，不怕你不会，就怕你不学。特别是对于期货这样专业性很强的专业，你的专业知识决定你未来的发展前景。其次，需要有强烈的责任心，对自己负责，对家庭负责。要脚踏实地，先照顾小家，再去照顾大家。

笔者手记

路漫漫其修远兮，吾将上下而求索。蒋仕波面对困难和挫折，用百折不挠的精神，不遗余力地去追求和探索，成就精彩的人生。而且难能可贵的是，虽然他在行业领域已经取得了非凡的成就，但是他为人低调、不喜张扬，宁静淡泊是他秉承的人生态度。认真务实、脚踏实地、百折不挠，这些最朴实无华的品质，成就了他的立身之本、昌盛之基。

世上无难事　只要肯登攀

1990 级劳动经济专业校友　孙大元

人物特写

　　孙大元，汉族，中共党员，高级经济师，北京物资学院 1990 级劳动经济专业校友，北京校友会副会长，北京东方慧博人力资源有限公司董事长。1994 年 7 月—2001 年 3 月，先后担任北京住总集团人力资源开发中心社保办科员、人事科副科长、人事科科长、中心主任助理、中心副主任（副处级）；2001 年 4 月至今，担任北京东方慧博管理咨询有限公司董事长、北京东方慧博人力资源顾问股份有限公司董事长。同时他也是上海人力资源协会专家、北京物资学院商业学院人力资源专业客座教授、北京市朝阳区"凤凰计划"评审专家、北京市朝阳区高端商务人才评审专家、中国对外服务工作行业协会副秘书长、北京市人力资源服务行业协会副会长、北京市朝阳区人力资源服务促进会会长、北京市朝阳区工商联执行委员会执行委员。2020 年 5 月荣登"2020 年中国最具影响力的 50 位人力资源领袖"榜单。

美好时光，转瞬即逝

孙大元在回忆大学四年的美好时光时说，在他们上大学的年代，学校比较偏僻，平时就是参加一些社团活动，打打篮球。"当时，男孩子嘛，爱玩儿，高中学习比较紧，进入大学，一下就放松了，自己心态上也放松了。第一天到校报道后就去球场打球，碰巧遇到了体育部部长，就加入了学生会体育部，后来就一直在学生会，做到了副主席。"孙大元的言语中透露着对母校深深的眷恋。

不甘平凡，踏上创业路

1994 年大学毕业的孙大元，刚刚毕业就进了很不错的国有企业工作，一做就是六年。然而就在六年之后已经具备一定资历的孙大元有不错前景的金饭碗，毅然决然地选择创业经商。当问及他为何要这么做时，他说："当时我做的是人力资源的工作，我总觉得 HR 是后台行政类工作，地位也没那么高，即使你付出了再多，领导也不认可，所以我就想做销售，走到前台来，实现自己的人生价值。"他的回答让我们感受到了一个成功人士的魄力。

十载创业路，坎坷与辉煌

古人云："三十而立，四十而不惑，五十而知天命，六十而耳顺，七十而从心所欲，不逾矩。"虽然不是人人都能做孔圣人，但后人往往把孔子的这些自我评语作为人生不同阶段所应达到的生活理想状态。"三十而立"——30 岁，人应该能坦然地面对一切困难了。孙大元在自己人生 30 岁的关键时刻选择了创业去实现自己的人生价值，就是对这句话的完美诠释。

他回忆在创业初期历经坎坷，虽然有过六年相关方面的工作经验，但是创业不同于就业，在很多方面可以说是，从零学起，从零做起。回忆起当时创业艰难的情景，他笑着说："我当时就是想做销售，也没有多想，无知者无畏，很多时候就看你敢不敢去做。在创业初期，我每天背着包跟推销员似的到处去跑客户，我当时就是为了实现自我价值，年轻人不要在乎金钱。"谈到这段刻骨铭心的拼搏岁月，他很珍惜："当时谈成一个客户以后真的很开心，不在于钱，是一种精神上的满足。"在谈到如何度过创业初期的那些困难时，孙大元告诉记者："自我激励很重要，要把忙转换成快乐，当时生活节奏快极了，每天有做不完的事情，时间飞逝。"他尤其强调，"很多创业者都是偏执的，简单说就是两个字——坚持。"

没有人能随随便便成功。孙大元创办企业后丝毫没有放弃努力，他幽默地说："领导需要想得更多，一开门就是柴米油盐酱醋茶。"经营公司随时面临挑战，时时刻刻如履薄冰，要考虑员工的工资、公司的发展，需要发现机遇、创造机遇，不断适应市场发展的需求，随时准备产品升级，不断开拓业务。当然在这中间也要做到"有舍才有得"。他说："当时我们做了一个很好的业务，但是很快别的公司纷纷开展仿照我们的业务，市场很快就被抢占了，于是就果断放弃了这个业务。"可见，成功都是总结出来的经验，谁也不可能一帆风顺。

北京东方慧博人力资源有限公司已今非昔比，在孙大元以及他的创业团队努力拼搏下，公司取得了非凡的成就以及极高的社会名望与声誉。

在分享成功经验时他谈道，首先，明确方向，也就是你将来要做什么样的人决定于你现在要做什么样的事。其次，把握方向后不懈地坚持。要坚持的前提就是一定要搞明白自己骨子里想要的是什么。很多人大学毕业后从事的都不是自己的专业，但是"三百六十行，行行出状元"，做不出来是功夫没有下到，不能只看到别人做得好。也许今天没有做成，但失败是未来成功的经验，要有从中吸取经验的习惯。很多人都是在"坚持、坚持、再坚持"的信念下才有了今天的成功与地位。

期盼、祝愿、展望

在提及"校友展望"这一话题时，他提出了三个层次，分别是对物院学子的殷切期盼、对母校的深切祝愿，以及对北京物资学院校友会的未来展望。

第一点，"吃得苦中苦，方为人上人"。孙大元认为"吃苦"是当代大学生普遍缺乏的一种素质。在当前这个物欲横流、追求享乐的思维模式下，很少有年轻人吃得起苦、沉得住气去做一些真正有意义的事。尤其是现在的大学生很多都是独生子女，集百般宠爱于一身，经常以自我为中心，缺乏"奉献""竞争""吃苦"的意识。

第二点，"锻炼一个好的身体很重要"。他认为，年轻人要有一个好的体魄，才能更好地去工作和学习。"现在这个社会八个小时工作时间以内大家都一样，你效率比别人高不了多少，八小时以外竞争才刚刚开始。所以一个好的身体显得格外重要。"

第三点，"读书很重要，尤其要读一些好书，有思想的书"。他说，成功创业以后，他总是对自己不断提出更高的要求，"越做发现自己越空，必须要学习"。"一个人最可怕的就是没有独立思维能力，跟不上时代的步伐，缺少对事物的看法，而多看书就是一种积淀，年轻的时候多积淀，日后一定会有感触。"

"不要吝啬买书，可能这一本书只有一句话对你有用，但是这一句话有用就够了，或许这一句话就能改变你对世界的看法。"

第四点，"学好英语，用好英语"。他说："在当前这个全球经济一体化的大背景下，学好一门外语就显得尤为重要，尤其是英语。"的确，英语已不再是一门学科，而更像是一种与人沟通的必要工具，如果你没有学好英语，那么将来就会错失很多机会，一旦错过，后悔莫及。

他在对学弟学妹表达殷切期盼的同时也希望母校进一步加强当代大学生人才建设，让他们多走出去了解社会，融入社会，未来才能够更好地服务于社会。

孙大元希望，北京物资学院校友会进一步加强校友之间、校友与母校之间的感情联络与团结，发扬北京物资学院的优良传统，为全社会的和谐发展贡献力量。

笔者手记

通过本次对孙大元的深度访谈，我认为不管做什么事情，保持一颗持之以恒的心最为重要。就像本文开头所提到的，要时刻保持一种"世上无难事，只怕肯登攀"的人生信仰。在挫折面前它与我们齐头并进，在困难面前它与我们同舟共济；它就像我们的良师益友，源源不断地传授给我们知识与智慧，它更像我们亲密无间的家人，无微不至地关心着我们生活的点点滴滴。

交易是行业认知的变现

1990 级首届期货班校友　韩朝东

人物特写

韩朝东，籍贯江西，北京物资学院 1990 级首届期货班校友，现任北京睿谷投资有限公司董事长。

回忆大学生活

作为物资学院首届期货班的学生，大学四年理论与实务知识的学习奠定了韩朝东职业生涯的最终选择。吃苦耐劳、积极向上、勇于挑战的个人性格在物院这个特殊的环境中得到进一步的锤炼，这些个性的养成也为他在后来在期货市场上的投资和交易奠定了良好的基础。

职业发展

韩朝东在德隆集团旗下的中企东方资产管理公司证券研发中心研究棉花期货，从此与棉花结下不解之缘，并打下了坚实的研究功底。长年的出差调研和投资实践不仅让他逐步明白了期货市场价格波动与产业链、价值链的相互关系，同时也让他形成"发现产业链的主要矛盾，价格运动方向是解决产业链矛盾"的投资哲学。韩朝东喜欢思辨，他深知"真相越辩越明"在期货投资中的价值，同时强调信息渠道贯穿研究全过程的重要性。

2004年韩朝东入职上海混沌投资（集团）有限公司担任农产品部经理，师从著名投资大师葛卫东，逐渐形成了自己的研究与交易体系。

2008年韩朝东加入中粮贸易期货投资部，连续三年获得中粮颁发的"突出贡献奖"。这一时期韩朝东不仅进一步提炼自己的交易逻辑和交易方法，而且将投资品种从棉花适度扩展到关联度更高的农产品领域，他知道农产品各品种的价格波动是彼此关联的，因此随着视野的适度扩展，跨期、跨品种和跨市套利交易的逻辑和方法在这一时期得到了升华，也取得了实实在在的投资业绩。

2011年，韩朝东与中粮部门的同事共同投资创办了北京睿谷投资有限公司并担任董事长至今。一转眼，睿谷投资已走过十年的辉煌历程。十年来公司快速成长，在农产品、软商品等期货投资领域取得了良好投资业绩，在业界享有良好声誉。目前该公司设有北京总部、上海分部；运营有股票团队，白糖、棉花、黑色金属、油脂等多个期现货贸易公司与事业部。

校友寄语

夯实基础、厚积薄发。"交易是行业认知的变现"，这不仅是韩朝东写给自己的"心语"，也是他送给公司全体员工的"警句"。他认为他自己是踏踏实实的"农耕者"，而不是"游牧者"，是正规军而不是游击队。期货投资的每一分收益，在本质上来源于你是否在产业链、价值链问题的发现、逻辑认知与市场可能给出的解决方案中去寻找答案，对行业的模糊认识和一知半解最终导致的结果只能是投资的失败。

精彩问答

问：您认为大学生毕业实习是选择大公司比较好还是小企业比较好？

答：相对来说，大公司平台更大，资源更多，起点更高。但大公司也好，小公司也罢，你必须努力让自己足够优秀。

问：结合您的经历，您认为在校生需要培养锻炼什么样的能力才能更好去适应社会生活和工作？请您提一些宝贵的建议。

答：大学是学习的地方，你应该利用这段宝贵的时间好好学习，把基础知识学扎实，同时在学习中，要有意识培养自己提出问题、发现问题和解决问题的能力，不要人云亦云，要特别注重独立思考能力的培养。

问：您怎么看待许多毕业生的工作与所学的专业不对口？

答：专业对口当然更好，但不对口或者不完全对口也不是关键问题。经济类学生的知识专业性不像理工及技术类那样界限严格。关键是自己要肯下功夫，善于学习，发扬自己的长处，要能吃苦，也要善于吃苦。

踏实做事　宽厚待人

1990 级会计专业校友　商云洲

人物特写

商云洲，北京物资学院 1990 级会计系会计学专业校友，现任河北省潜能开发专业委员会主任，负责亚太地区的潜能开发业务。

丰富大学生活，培养良好心态

谈到大学生活，商云洲会心一笑。他回忆道，那时候国家物资部直属的一院三系，北京物资学院是唯一的学院。物资行业重视交际方面，学校开设了交谊舞课程，专门请了国标舞蹈家来学校授课，有时还能请到刘欢等歌手来学校演唱，虽然当时条件简陋，没有专门的场地和专业的设备，但是每到周末，在操场上放上一个音响，大家都能跳得特别开心，这也成了大学生活中的美好记忆。同时，商云洲还嘱咐道，现在的大学生活条件优越多了，学校里还有各种类型的社团活动，同学们应该积极参加这些有意义的活动，在丰富大学生活的同时，还能培养合作精神，学会待人接物的方式。

大学就像一个微型社会，不仅要学习专业知识，更要锻炼自己，不断成长，培养良好的心理素质和为人处世的态度。商云洲特别提到了这一点，在大学里面不要只是一个人读书，要经常与同学交流学习心得。人无完人，我们应该多看到别人好的一面，发现对方的优点，然后学习他，使自己各方面的能力得到提升，不管做事还是待人，都要抱着一种学习的心态。商云洲说，他现在公司的企业文化就是这样，大家互相学习，互相尊重，逐渐地团队越来越融洽。没有尔虞我诈，团队越和谐，企业就越强大。

放低姿态，踏实做起

毕业后，商云洲被分配到省物资局做财务，当时物资行业外欠很多，做业务不得不赊销，做经济分析时他就发现了这里面的问题。后来被分派到下面的分公司做财务总监，商云洲就改变做法，不选择外欠，而是通过正常业务，你给我钱，我给你货，甚至还要收应收款。有了这种处事原则，加上用心踏实办实事，一年后公司不仅达到了目标，还超额完成了任务。

后来经过朋友介绍，商云洲接触了潜能开发的业务。当时有很多合作人，但是时间长了之后，就发现有的人更多考虑利益，不想付出太多。而商云洲一直是踏实做教育，真正为了孩子，一年以后，他得到了朋友的认可，接手了整个大陆的潜能开发业务，后来发展到整个亚太地区。

在谈到他现在的公司招聘时，商云洲提到，有很多大学生好高骛远，一开始就给自己的定位太高，不愿意从基础做起，遇到不顺心的事就跳槽，来回变换工作，积累所谓的工作经验，其实这是老板最反感的。作为刚毕业的大学生应该放低姿态，从始至终地踏实地干好一件事情再考虑更多的发展，同时要学会付出，学会尊重，宽厚待人，不要因为对方的一个脸色，一句不好听的话，就往心里去，多发现别人的优点。

心系母校，支持走访

对于校友走访的活动，商云洲非常支持。他认为，一方面，学生通过采访、积累可以学到一些东西，迅速成长起来；另一方面，通过走访，了解现实中的一些问题，回到学校后能跟身边的人现身说法，告诉他们老板需要的是什么人才，这些对于学生都是非常有益的。同时，他更希望通过校友会这个平台，拉近校友和母校之间的联系。他还说，如果有机会，希望将潜能开发当作一门课程引进学校，开发学生的右脑，让学生的学习更有效率。

精彩对话

问：您对在校的学弟学妹们有什么建议？您认为当代大学生应该注重哪方面能力的培养呢？

答：因为现在你们跟我们那个时代不太一样，我们那时候高考选拔很严格，现在普遍都可以上大学，而且心情也不太一样，我们那时候毕业包分配工作，而现在上大学后，竞争非常激烈。在大学，不仅要学习好专业知识，交往能力等这些能力也都是非常重要的。

问：您鼓励我们在大学期间去做社会实践或找实习工作吗？

答：每年去做社会实践还是相当不错的，不过我还是建议你们，在实习的过程中，可以当自己是真的工作一样，不要当自己不是这个企业的人，企业领导交给我什么，我就干什么，必须要好好干，而不是应付，如果有应付的心态，还不如不实习。因为企业是个大社会，它有好的也有不好的，我们到企业还是要多看看好的一面，就像你看到一个人的优点，你会去学习他，使各方面的能力都能得到提升。所以要真的当自己在工作，包括不要轻易请假，首先要把自己当正式员工，用心地做事，这对你未来去应聘其他的工作有很大帮助。

问：您觉得什么是人才？

答：中华人民共和国初期，会打算盘、会写毛笔字的就是人才，中华人民共和国初期过后高校毕业的是人才，后来是工农兵大学生是人才，恢复高考后，大学生是人才，现在大学生普遍了，人才观和过去的也就不一样了。现在人才观，第一智商要高，第二要有情商，像为人处事这种情商，第三他的知识积累，大学生的智商应该算是比较高，那么情商就成为关键。学会尊重，培养人际交往能力、为人处事能力，包括你的抗挫折能力，这都是情商决定的。具备情商再加上你所学的专业知识，这才是人才，所以不是大学生一毕业就是人才。你在一个地方没有踏实工作，没有学会为人处世的时候，工作换来换去都是一样的。

问：您对大学生创业有什么看法和建议吗？

答：我不建议大学生去创业，有人统计过，大学生创业的成功率是很低的，暂时的成功可能会适得其反，造成更大的损失，因为你会容易沾沾自喜，以后会出现各种各样的问题，很容易从巅峰跌落下来。大学生创业并不是简单的创业，还要接触到社会。如果在社会上已经历练过自己，再去创业可能对他是有益的，因为他经历过这些事，接触过那些人。像好多人当高层干部，最终想自已出去创业，往往赔得一塌糊涂，更别说大学生了。他的心理承受能力、社会关系，包括一些为人处世和企业管理经验都是欠缺的。一个企业，有房租成本、工资成本，往往前三年是赚不到钱的，所以好多人干着干着就转让了，因为真的是承受不了，这些问题都是存在的。

笔者手记

在同商云洲交流之后，让我感受最深的就是他踏实的干劲、宽容和善的心态。与人相处要学会换位思考，学会尊重，时刻抱着学习的心态。从小事做起，多付出，回报会在不经意间降临。志当存高远，但立志之本在脚下。

人生如逆水行舟

1990 级管理工程系校友　高改琴

人物特写

高改琴，北京物资学院 1990 级原管理工程系 90211 班校友，2012 年创办河南龙昊汽车运输有限公司，任公司总经理。

予人玫瑰，手有余香

大学时期的高改琴活泼开朗。那个时候的学生活动还比较少，每周或隔几天的舞会最吸引学生了，当时的舞场很简单，只有一些彩灯来做装饰，高改琴就是在那个时候学会的交谊舞。

忆起在物院的学习时光，她至今记忆犹新。当时教数学的老师是上海人，普通话说得不是很标准，高改琴听他讲课很吃力因此期末考试数学成绩很差，为此数学老师专门找她聊天，询问原因。当老师得知是语言的问题后特别自责和内疚，于是努力地改正，之后还经常和高改琴沟通，这让她非常感动，成绩也有所好转。

那时的高改琴只是一个普通的学生，她也和许多学生一样，为了充实自己做起了家教，当年的她认真负责，让她做家教的那家人也心存感激。时隔多年，每逢高改琴回到北京，都会受到她"学生"的热情招待。这份浓厚的情谊和缘分让人感动。提到往事，她有感而发，"平时要多帮助别人，不要老想着给别人使绊儿，你走运的时候不觉得拉别人一把有什么，但别人会记得你的好，在你困难的时候也会帮助你"。正如"予人玫瑰，手有余香""滴水之恩，涌泉相报"。一收一予，便构成了所谓的"运气"。

中年创业，不为赶大潮

1994年毕业，高改琴被分配到开封物资局。当时分配后一个月内都没有具体工作，也没有工资，连饭都吃不上。她去找领导，领导安排她先到郑州分公司卖车。做了一个月的销售后，领导决定让她做财务。从此，她便与财务结缘。

财会这个行当，资历越老，人越"吃香"。经过十几年的摸爬滚打，在财会界，高改琴已可自评为资深等级。作为一个中年女人，事业成功、家庭美满，生活似乎只需这么安稳平静的继续便可。可她非要"折腾"一番，"我觉得如果现在不创业真没时间和机会创业了，而且十几年的经验让我能应对各种复杂的财务问题，财务工作对我来说已经没有大的挑战性"。这是她选择创业的根本原因，她的果断放弃令很多人惊讶，甚至不能理解，但这并不是"无准备之战"，她的创业之路，才刚刚启程。

她拥有丰富的财务专业知识、多年工作所积攒下的资金和人脉，"国家这些年对物流方面越来越重视，也出台了支持政策，我自己卖过汽车，对汽车运输方面也懂得一些"。当谈到财务方面的知识，她很高兴，语速也加快，话语滔滔不绝，可看出她对财务工作难以抑制的热爱。放弃便意味着绝不留恋往昔的辉煌，她现在一门心思扑在公司初期的建设中。与她相比，年轻人似乎反而没了激情，少了一股子冲劲。

高改琴目前所创办的公司是一家专业的货物运输、汽车销售与汽车消费贷款相结合的大型汽车运输企业，致力于打造中国一流的、专业的货物运输、汽车销售及汽车消费贷款相结合的公司。公司总部位于郑州航空港服务园区，拥有庞大的服务网点，以高覆盖、高效率的服务获得多家公司和机构的认可。她努力在经营目标上不断完善，形成了以货物运输为基础、整车销售为龙头、分期信贷服务为推动、汽修理赔为保障的优化格局，不仅迅速拓展市场，而且公司采用多元化、全员式的贷后管理模式，实时对业务质量进行监督，加强了回访催收力度，有效地防范风险，在合作银行中取得了良好的信用。

整个采访期间，她的手机不断响起，采访结束后临近中午，午饭来不及吃，她便和丈夫一起向某个调查基地赶去。

心存感激

都知道小企业难以生存，我们企业刚刚起步，处处需要大家的帮助。河南的这些老校友们都帮了我很多忙，没有他们我也不能进展得如此顺利。

精彩对话

问：社会实践活动是一个很好的锻炼机会。请问，您对我们现在大学生的社会实践活动有什么建议吗？

答：社会实践活动是学生提前认识、了解社会的一个很好的途径，使在校学生能够增进社会责任意识，提高个人能力。大学期间时间相当充裕，这是应该多进行实践的时候，所以同学们应抓住好的机会，努力适应社会。

问：您做过高层的财务职位，在您的眼中哪些雇员会让公司青睐？对于这个问题的回答会让我们这些快走上工作岗位的学生提前做好准备。

答：我觉得企业最看重的是忠诚、与企业一条心的员工。对员工来说，必须勇于在企业中承担责任，知道上下一条心的重要性。

问：您对大学生找工作的意见是什么？

答：个人改变不了社会的需要。不要当啃老族。今天，就业形势日益严峻，大学生毕业就意味着失业，每年几千万毕业大军在竞争着为数不多的岗位。我们的在校大学生首先要打好基础，其次要多参加社会实践。

问：对于刚参加工作的大学生，您给他们的建议是什么？

答：在工作当中，遇到不会的问题，要勇敢面对，一定要自己私下去学，现在市面上那么多参考书、辅导班，很容易充实自己。

笔者手记

所谓"良师益友"不过如此，总能让你从他们身上看到积极的因素，带动你变得更珍惜现在，踏实努力并不轻言放弃。每个人都有自己对生活的定义，有的人认为幸福不过安逸平稳，有的人则如高改琴，一生中都在追逐新的高度。两种人生，并没有孰是孰非，但是，对于青年人而言，激情比什么都重要，做人和做事一样关键。"没有投机取巧，只有勤奋工作，才能真正得到别人的认可。"短短的几句话，使人心生敬佩。

平凡人生的非凡感悟

1990 级物资管理工程专业校友　刘向平

人物特写

刘向平，毕业于北京物资学院 90221 班，1990 级管理工程系金属材料专业校友，现任广东广物金属产业集团有限公司党委书记、董事长，曾获"广东省优秀企业家"和"中国金属材料流通协会成立二十五周年功勋人物"等荣誉。在和刘向平的交谈中，你会发现他是个谦虚低调的人，但同时也可以感受到他对待事业和生活的负责，以及看待问题的独到见解。

大学生活

当时物院的周边很荒凉，交通也不是很便利，因为娱乐项目少，没有太多影响学习的干扰因素，所以那时的刘向平学习热情很高，多次获得奖学金，在各类学生活动中都表现积极，参加校运会短跑、学校合唱比赛、班级足球队比赛等活动，他是个很有热情的人。

奋斗之路

他的事业经历并不如大多数人那样丰富，从始而终都在物资系统的广东物资集团工作，毕业后在广东省金属材料公司做过期货交易，做过现货交易部门、经营管理部门、信息化部门等多个部门的负责人，最后成为金属公司的主要负责人。2012 年金属、建材、物资、有色等几家公司合并成立金属集团，刘向平任副总经理，直到现在仍负责整个金属集团的工作。毕业二十多年，虽然他一直在一个公司工作，但他认为一个公司的工作经历并不会局限一个人的发展，诸多部门、各类岗位任职经历，使他的能力得到全面发展，看问题有更多的视角。

他经历了物资行业的起起落落，所在公司发展也经历了一波三折，刘向平用自己的职业发展经历告诉我们，当你认准了一个行业和公司，一直走下去，不因为行业和公司的发展波折而轻易放弃，最终也会取得成功。正如他所说的那样，每个行业都会经历高潮和低谷，高涨过后必会有低谷，而跌到谷底以后，也可以迎来灿烂的春天。要热爱你所从事的工作，永远不要轻言放弃，跟着时代的潮流，不断变革去引领行业的发展。他告诉我们："要坚信，要坚定，在一个行业做强做大的企业和个人，必定经历了痛苦的凤凰涅槃，因为他们的付出是常人所不能想象的，他们的收获也必定是常人所不能想象的。"他也提醒我们，选择自己所从事的行业或岗位时，首先要选择自己喜欢的，只有这样，当遇到困难时，你才有意志坚持下去。

寄语母校

校友会是一个很好的组织、很好的平台。无论是什么活动，只要组织需要，我都愿意参与并且尽自己的一份力，为学校、为校友做一点贡献。

精彩对话

问：请问您对学校的发展有什么建议？

答：对于学校，可以重点发展一两个我们有优势的专业，集中力量和资源在这些专业上做重点突破，如在期货专业、物流专业等，打造成"小而美"的特色学校。

问：针对在校生的学习、兼职和学生工作该如何处理，您能给出好的建议吗？

答：要三者统筹兼顾，不走极端，只学习而不参与各类活动，或者忙于参与各类活动而耽误学习，都是不明智的。作为学生，无论是大学生还是小学生，都应该以学习为重，在保证学习的基础上，再发展其他各方面，切不可本末倒置。

问：对于大学生有什么好的建议吗？

答：其实每个人都是不一样的，最重要的是找到自己最缺什么东西，人真正找到自己的弱点去克服其实挺重要的。不管人这一辈子是什么样的结局，最重要的是一种体验，是一种过程。

肩负使命的汽车人

1990 级管理学专业校友　余志勇

人物特写

余志勇，北京物资学院 1990 级企业管理系管理学专业校友，河南校友会理事，河南亿瑞汽车贸易有限公司总经理。

不走寻常路，在抉择中飞跃

由于专业所长，余志勇毕业后被分配到河南省机电公司。正是这家带有计划经济色彩的汽车机电类销售服务公司，让他与汽车行业正式结缘，而且一干就是 14 年。如今，他仍然在为当初统一分配的结果感到庆幸，庆幸自己在不经意间接触到了一个未来世界的支柱性产业。加盟省机电公司后，他很快就发现，当时的河南汽车行业实际上是一个垄断的市场，而且正处于计划经济向市场经济的转型过程当中，汽车作为一种奢侈消费品，进入市场需要政府的层层把控。

当时的机电公司，基本能操控整个河南汽车行业的流通与管理工作。在那种环境下，作为一名大学毕业生，他不仅能做业务，更能兼职财务和计算机，可谓是样样精通。但是，在 1997 年他决定离开省机电公司。对于他的举动，当时好多人说有点"傻"。但是这种"傻"的选择在今天看来却是正确而睿智的。伴随着中国经济从计划体制向市场体制的转轨，河南省机电公司也完成了自己的使命。

机遇面前，适时抓住

在 2004 年，余志勇从郑州大学 MBA 毕业，"双轨修炼"的完成让他赢得了更多的机会，其中最让他心动的是河南职业技术学院和河南万佳捷泰汽车销售服务有限公司。如果选择河南职业技术学院，他将成为一名高校教师，然后攻读博士，最终成为一名教授、专家；如果选择万佳捷泰，他的职务是总经理，可以将自己的 MBA 理论得以实践，历练成一名高级职业经理人，或者择日创业。

这一次，余志勇的汽车情结再次占了上风。他再次深入地分析了汽车行业的情况，经过十多年的发展，中国汽车工业历经了颠覆性的变革，从最初的技术合作，到全面合资，再到自主创新，踩在德国大众、日本丰田、美国通用、韩国现代等一批世界汽车巨头的肩上，中国汽车工业先后孕育出奇瑞、吉利、海马、江淮等一批自主品牌。在这种行业大背景下学长最终选择了万佳捷泰这家北京现代汽车的河南经销商，成为河南汽车业新兵的总经理。

事实证明他当初的选择是正确的，这是一块适合他的试验田。最初的两年让他品尝到了成功的喜悦和失败的苦涩。"我自己都没有想到，最困难的时候我们只能从竞争对手那里借车卖。"但就是在这样困难的环境下，面对着两个强大的竞争对手，万佳捷泰依然坚强地生存了下来。

对于为什么最终选择江淮这个汽车品牌，余志勇说他不仅相信市场经济，更相信自主品牌的成熟。他谈道，近年来我国汽车行业被外国品牌所垄断，国产汽车虽然质量不断提升，但是始终不能在国内市场占有一席之地。因此，他希望通过努力，能够使国产汽车给国人带来真正的实惠。

物院情，恒久远

谈起母校，余志勇对 20 年前的物院生活记忆犹新。风华正茂的时代，他和同学怀着满满的期望来到物院，一群年轻气盛的学生希望能够在国家的物资系统里面有所建树。因为当时的北京物资学院是专门为国家物资部门培养人才的机构，是国家物资部下辖的学校。虽然学校位置偏远，教学设施简单，但老师们的热情关怀使学生们并没有因学校硬件的不足而失望，相反，余志勇说他在物院感受到了许多别的大学没有的优良传统。毕业已近 20 年，他感慨物院的巨大发展，高度评价物院老师的无私奉献。同时他语重心长地寄语在校读书的物院学子："你们要记住，自己要不断地接受磨炼，珍惜每一次机遇和挑战，勇于拼搏。不断培养自己睿智的眼光，看准目标不断前进。不要过多在乎失败，机遇更青睐有准备的头脑，你们是物院以后的希望，你们毕业后会遇到很多机遇，加油，要掌握好自己的人生！"他希望新时代的学弟学妹能够珍惜物院的美好生活，把握好自己的大学生活，将来能够为物院带来新鲜的血液。他衷心祝愿母校能够蒸蒸日上，不断前进，并表示有机会一定回去看看阔别已久的母校，为母校的发展贡献自己的一份力量。

精彩对话

问：您觉得在自己的人生路上，北京物资学院给了您哪些帮助？

答：我对母校很有感情，在物院四年，奠定了我们人生的基础。人的养分来自很多地方，一个是社会，一个是家庭，还有一个就是学校。学校教会了我很多东西，为我以后走入社会奠定了很好的基础，特别是学校里的一些老师、一些同学，我们现在的感情还很好。我们走向社会基本的一些做人做事的道理，都是学校为我们打下的一个基础，我很感激。

问：大学毕业后进入职场难免会遇到很多困难，相信您在毕业后找工作并不是一帆风顺的，您遇到了那些困难？您是怎样克服的呢？

答：我认为最大的困难就是对自己能力的认识和对自身工作的定位，与社会和工作有一个衔接过程。我们对自己的期望值往往比较高，但社会是现实的，需要一步一步地努力，来适应，来牺牲自己，通过自己的准备寻找机会，来实现自身的发展并体现自身的社会价值。

笔者手记

误打误撞的计划经济分配使余志勇与汽车行业结缘，此后无论遇到什么样的机遇，他的选择始终离不开汽车，离不开自主品牌。与其说这是他在职业生涯之路上越走越远的抱负和理想，倒不如说是他内心使命感的驱动。相信余志勇会在汽车行业开辟出一片属于自己的天地。

我思念你啊，北京物资学院
——写在北京物资学院40周年校庆

1991 级国贸专业校友   黄兴东

人物特写

黄兴东，1991 级经济系国际贸易专业，在广东汕头从事医疗器械行业。

我思念你啊，北京物资学院！
那是我梦魂牵绕的地方！
它就像是院中园的纤纤细柳，
不管岁月如何改变，
总在不知不觉中生发。
我思念你啊，北京物资学院！

更像一阵阵晚来的急雨，
说来就来，
无法防备。
每次无意间投向远方深情的眺望，
不是为了一览无遗的风景，
而是为了对你的挂牵。
我思念你啊，北京物资学院！
就像穿过白杨树的一根金线，
它穿越万千个沉睡的记忆，
投射在校园里的那条小路上，
收藏着我们曾经的青春底片。
我思念你啊，北京物资学院！
即使是落叶缤纷的秋日，
因为有你的消息，
心中的花蕾挤满了被冷风皲裂的枝头，
着实温暖了整个记忆的天空。

2020 年 9 月 15 日

人生永远是个逗号

1991 级证券期货专业校友　顾哲

人物特写

顾哲，籍贯上海金山，北京物资学院 1991 级期货专业毕业。现工作于上海市浦东新区，任财达期货上海分公司负责人，北京物资学院校友会副会长、上海校友会会长。

大学时光

大学期间积极参加学生会工作，担任管工系文娱部部长，校舞蹈团团长，组织参加"纪念毛泽东 100 周年诞辰"北京高校巡演，积极参加各项文体活动，生活中关心帮助凝聚同学，学习上积极上进，思想上积极参加学校组织的政治学习课程。在物院的大家庭感受到老师的谆谆教诲，同学之间真挚的友谊。

职业发展

1995 年，顾哲怀着满腔热情回到上海，在上海商品交易所从事风险管理、风险控制的工作。1996 年，参与开发了"上海商品交易所风险实时监控系统"，并荣获了当年上海市软科学领域二等奖。1999年期货市场深化改革后，离开交易所入职久联证券，五年里，做过营业部副总、资产管理部副总，同时担任集团团总支书记工作。1999年于上海社科院攻读研究生。2005年，因股东变更而主动离职下海，开始了自我的挑战，尝试探索期货公司的管理工作，先后在一德期货担任上海和宁波营业部的总经理、浙江大地期货宁波营业部总经理、东兴期货总经理助理、华闻期货总经理。2014年后还有两年在国泰君安风险管理公司担任总经理。

毕业25年先后在期货交易所、证券公司、期货公司的从业经历，顾哲见证参与国家证券期货业的发展，在管理岗、技术岗及市场化投资运维，市场开发服务企业客户及助力投资者的工作做了积极的探索和实践，恪守勤勉尽责的职业操守，不忘初心，不忘物院人的使命担当，努力把工作做好，虽然有工作变动，但从业理想及人生信念不变，敢于克难攻艰，敢于奉献付出。2003年在工作之余积极参加母校校友工作，协助各地成立校友机构，加强校友与母校及兄弟校友会的联络工作；组织参加公益活动，成功救助一名校友，感受物院人的大爱与奉献。

人生感悟

25年的工作生活，顾哲感恩一路上关心帮助他成长的物院老师、校友同学们，感恩工作中的领导同事，感恩工作中的朋友及客户。酸甜苦辣，成功的喜悦与失败的苦痛，一次次的努力与拼搏，一次次的跌倒与承受，一路上的收获与迷茫都是真实的人生。许多时候理想是美好的，而现实是残酷的，在追逐梦想与实现人生价值的路上需要坚持，需要承受。

顾哲深深地爱着母校，在母校40华诞之际祝福母校生日快乐！他也愿意为母校的建设与发展贡献自己的力量，并一如既往地关爱老师校友，勿忘厚德博学、笃行日新的校训，继续努力工作积极进取，在平凡的工作及生活中实践奋斗，以优异的成绩回馈母校。

依然记得91期货班的班歌《真心英雄》，依然记得张声书院长的嘱托要把校友工作做好，依然记得期货专业成立20周年时的幸福感，依然记得各地校友联谊会的真挚友谊，依然难忘母校领导、老师来上海指导、探望校友时的喜悦心情。每一个难忘都深深地烙在顾哲的心里，每一份温暖都激励他砥砺前行。身为物院人，真好！流淌千年的大运河，见证物院人的风采，祖籍上海金山的顾哲，永远为母校自豪。

校友寄语

亲爱的学弟学妹，祝福你们学习进步，身体健康，珍惜来之不易的四年校园生活，始终秉承校训，发奋图强，掌握专业知识，坚持自强不息、厚德载物的做事做人原则，积极参加学校组织的各项活动。你们是物院的未来与希望，要爱岗敬业、诚信友善，在未来人生路上坚定信念，加油！

精彩问答

问：您认为大学生毕业实习是选择大公司比较好还是小企业比较好？

答：大公司能学习系统的管理经验，与优秀人才多一些的交流，小公司可以多些锻炼的机会。

问：您对就业后跳槽的看法是什么？

答：工作能力的锻炼与培养需要一段时间，不同成长阶段的岗位需要能力匹配，盲目跳槽容易承担更多的时间成本。

问：结合您的经历，您认为在校生需要培养锻炼什么样的能力才能更好去适应社会生活和工作？请您提一些宝贵的建议。

答：在校期间要注重系统的职业规划方面的知识，根据自己的特长做好基础知识的储备，同时也要注重健康的身体与良好的性格培养，多研究社会未来的发展方向与自己的人生规划，早做准备。

问：您怎么看待许多毕业生的工作与所学的专业不对口？

答：这是常态，需要调整好心态，注重工作能力与专业能力双向培训提高，就能胜任，许多校友都是经过后天培训后在不对口专业岗位上表现得非常出色。

问：对于刚步入职场的毕业生来说，您对学弟学妹有什么建议吗？

答：学会向老同事虚心学习、踏实工作、谦虚上进，学会尊重他人，能力可以锻炼，人品要靠自己修行。

问：您对考证怎么看？有什么建议吗？

答：根据计划从事的行业去选择适合自己的证书。

问：您是怎么看待成功的？

答：成功是自己努力的结果，但不是只有工作，还包括好的婚姻、好的生活、好的心态、良好的社会关系。工作目标完成，人生价值实现，都取决自己的理解。

问：那对于大学生活您印象最深刻的是什么？

答：我们宿舍同学很团结，我们班级同学也很团结，毕业后还一直保持联系。

问：您为什么选择了现在所从事的行业？

答：就我个人而言，基本上由所学专业决定。

耕耘成就梦想，奋斗创造未来

1991 级校友 刘胜喜

人物特写

刘胜喜，北京物资学院 1991 级校友。刘胜喜入校时就读仓储运输专业，1993 年考入期货管理专业。2005 年获得上海财经大学 MBA 硕士学位，浙江大学 DBA 在读博士。现任浙江永安资本管理有限公司总经理、上海永安瑞萌商贸有限公司董事长、浙江玉皇山南投资管理公司董事、北京物资学院客座教授、浙江校友会秘书长。

刘胜喜从事期货金融工作多年，有着丰富的理论和实践经验，他一直坚持自主创新，刻苦钻研。2013 年 5 月 8 日创建永安资本，在他的带领下，永安资本取得了斐然的成绩。永安资本连续位居行业第一名近七年之久，成为行业的龙头企业。然而，事业上的成功并未改变他谦逊随和、乐观善良的处事态度和生活态度，他依旧热心助人，坚持学习和阅读，不断提升自己。

大学生活

1991 年，中国期货业处于创始年代。渴望学习经商的刘胜喜，在家人的推荐下，选择并考入北京物资学院仓储运输专业。刘胜喜坦言自己对经济学更感兴趣，小学时他就曾用课余时间经营自己的"生意"并乐此不疲，这使他积累了初步的商业经验。自己对于所就读的仓储运输专业并没有什么热情，那段时间让他感到很迷茫。直到1993 年，命运给了刘胜喜一个新的选择：北京物资学院设立期货专业。刘胜喜被选拔进入该专业，成为中国最早期的一批期货专业学生之一。遇到了自己心仪专业的刘胜喜立刻确定了未来的方向，他投身期货的世界里，并开拓出一条属于自己的成功之路。

在大学期间，刘胜喜一直保持阅读的习惯。他爱读书，曾兼职教学赚取收入来购买图书。大量的阅读给他带来快乐的同时，还为他打下了深厚的知识理论基础，给他今后的人生带来了很大帮助。

职业发展

1995 年，刘胜喜从北京物资学院期货专业顺利毕业，被分配到浙江物产金属集团旗下的浙江金达期货工作。当时，交易所市场鱼龙混杂，期货行业逐渐进入调整期。作为经纪公司，金达期货在 1995 年进行了人事调整，将公司大部分人员输送到物产集团。1997 年，刘胜喜转调到浙江物产金属集团的有色金属部门工作。直到 2003 年，刘胜喜才放下做了七年的铜，转行开始推广螺纹钢电子交易市场。

对于很多中国期货人来说，风险管理与资管业务是他们的第一次创业，但对永安资本掌门人刘胜喜来说，加盟永安期货并担任新业务统领，却不是他人生的第一次"创业"。2001—2008 年刘胜喜做了四件事情，第一件是 2001 年刘胜喜考得上海财经大学 MBA 后，调职到上海公司；第二件是 2003 年下半年开始，刘胜喜参与组建中国最早的钢铁电子交易市场——上海斯迪尔电子交易市场；第三件是 2004 年参与创建上海大宗钢铁电子交易中心并全面负责市场、信息和客服工作；第四件是 2008 年刘胜喜正式离职，自己创业，为了更好、更快地让钢铁电子商务服务现货交易，做到"网上交易，网下配货"，7 月份创建上海钢之源电子交易中心有限公司并担任公司总裁。

2012 年 11 月，受政策原因影响，刘胜喜决定离开钢之源，并开始筹建永安期货全资子公司永安资本。2015 年之后，永安资本进入平稳期，各项业务不断发展，与全国各地营业部的合作、与永安期货其他业务单元的合作也都进入常态化。稳健又快速的发展使得永安资本成为期货行业的龙头企业。近十几年的创业生涯，让刘胜喜逐渐对现货交易的风险和公司管理有了更深的见解，他玩笑着道出了创业的艰辛："企业家，其实就是'起夜家'——半夜里经常起来睡不着的创业者。"

校友企业家课堂

刘胜喜在母校校友企业家课堂授课

刘胜喜受母校校友办邀请，参加了 2019 年物院"校友企业家课堂"授课工作，其讲座的主题是"企业套期保值理念构建与风险管理服务模式"。刘胜喜的课程内容丰富，讲解幽默风趣，结合大量生动社会实践案例，给师弟师妹们带来一场生动有趣的专业实践讲座。从他细致的 PPT 课件到授课内容的翔实丰富，从专业务实的讲授到情深意切的告诫，让我们感受到校友对在校生学弟师妹饱含的关心与爱护。同时，刘胜喜也对"企业家课堂"提出了一些希望：企业家课堂排课一次不要安排太多的课程，否则学生可能会因为时间冲突而必须放弃一部分感兴趣的课程；同时要了解学生想听的内容排课，让学生自主自愿地选择课程。

校友寄语

刘胜喜对母校师弟师妹们的寄语：人生是一场长跑，不要一下把目标定得太大，可以像长跑一样分成各个阶段，这样就不累了。你可以锁定每个阶段要达到的目标，要有规划，要不断地去努力，只问耕耘，莫问收获。只要你坚持，每天开开心心地努力去做了，最后一定会有好结果。

精彩问答

问：您对即将步入职场的毕业生学弟学妹有什么建议？您支持毕业后开始创业吗？

答：第一，毕业后要找一个大公司，最好是国企，上市公司、创新型企业也可以。你进入的公司，一定要在社会上有声誉，这很重要。这种公司有三点好处：一是它的管理是规范的；二是在你跳槽的时候它的名气足以被别人认可；三是它可以给你提供很好的人脉，你在公司里的同事和朋友以后可能是你的老板或者合伙人。第二，不论有多困难，都要在一个公司里干五年。在这五年里，你要完成你的工作经验、人际关系储备，最好完成结婚。在这之后，如果你觉得企业不合适，再去到其他的企业里。我不赞同毕业后就开始创业，因为毕业直接创业失败的概率在90%以上。这个时候，你只是有了初步的想法，很大程度上是乱打乱撞，毫无章法。你没有受过大公司的熏陶，没有人脉，以后想要上岸都很困难。要先到一个大企业，认识一批志同道合的朋友，然后和朋友分享你的想法，邀请他们创业，如果他们都支持你，愿意同你一起创业，这样就有更大胜算。人生很长，路也很长，但是毕业就业只有一次，一定要把握好它。

问：您怎样看待成功和对自己的定位？

答：成功有多重定义的标准，中国有句古话叫"穷则独善其身，达则兼济天下"。当你刚开始工作的时候，不要给家里增加麻烦，这就是成功。当你工作五到十年，能够自食其力，并且能够帮助自己的家人和朋友，这就是成功。当你工作十到二十年，除了能够帮助家人朋友，你能够为社会做出一些事情，为社会创造价值，我觉得这就是成功。

对于自己的定位，我觉得大多数是普通人。一些特别厉害的人的出现是天时地利人和都具备的结果，他们的成功很难复制。可以将他们的成功作为目标，但不能非要要求自己达到那样的结果。世界在变化，刚毕业根本不可能马上获得成功，一般都是要在毕业十五到二十年后才能够评价你算不算成功，过早地给自己定太高的目标，会让自己的心理扭曲，会给自己带来巨大的压力，这实际上是完全没必要的，一步一步地来才能走得更远更稳。

把握机会，让理想信念之光照亮前行之路

1991 级企业管理专业校友　林惠宇

人物特写

林惠宇，北京物资学院 1991 级企业管理专业校友。自 1995 年毕业至今，25 年来他一直在广东交通系统工作，先后任职于广东广花高速公路有限公司（现为广东省高速公路有限公司广清分公司）、广东省高速公路有限公司深汕西分公司、广东广佛高速公路有限公司、广东省高速公路有限公司湛江分公司、广东汕汾高速公路有限公司和广东广乐高速公路有限公司等，现任广东茂湛高速公路有限公司董事、总经理。他始终致力于高速公路营运企业的高质量改革发展，粤东、西、北地区均留下其爱岗敬业、默默耕耘的印迹。

初见林惠宇，给人一种和善淡然的印象，不由猜想到底是怎样的经历，使他变得如此从容大气，又到底是怎样的理想信念，使他一路坚持到现在，从未放弃。

少说多做，把握机遇

人生并不总是一帆风顺，每个人的人生都会经历不同程度的浮沉。在林惠宇20余年的奋斗经历中，也曾有过一两个自认为"迈不过去"的"坎儿"。犹记得1991年，在那个大学生被称作"天之骄子"的年代，他毕业后决然回到家乡发展，成为广东省高速公路有限公司系统的一员，并进入广东广花高速公路有限公司开始职业生涯的第一站——新华收费站站长助理。工作一段时间后，他发现自己与同事之间的共同语言逐渐减少，同时单调枯燥的高速公路一线收费工作，每天夹杂着不得不面对的"争吵"，这使他意识到现实与想象的差距。这时，空有一腔抱负却无处施展的他，在工作和人际上都受到了前所未有的"打击"。这第一道"坎儿"令刚步入社会的他倍感迷茫，他甚至一度怀疑自己坚守在交通系统这个行业是否是正确的选择。

然而转行的思想可谓转瞬即逝，因为林惠宇明白只有不畏艰难，沉浸其中，用心钻研，少说多做，才能成为某一领域的"专家"，才能收获另一番景象。一年后，凭借扎实的一线收费管理基础和实践经验，他得以调动至广东省高速公路有限公司深汕西分公司工作。在这里他很快就得到公司领导的器重，这取决于他善于把握机遇。他说："我不在乎机会是否微乎其微，只要能在公众场合发言，我一定珍惜并且做好最充分的准备。只有这样你才能时刻保持在线，将最好的状态发挥出来，给大家留下深刻印象，从而一鸣惊人。"这种认真、踏实且有气魄的性格，再加上独特的想法、新颖的构思，帮助他在新公司取得了"开门红"，毕业仅一年零三个月的他已给近300位员工现场授课，迅速从"毕业生"角色转型为职场"导师"。

随着个人职务晋升和发展空间的扩大，一路顺风顺水的林惠宇迎来了工作的第二道"坎儿"。大学毕业三年后，年仅25岁的他成为广东广佛高速公路有限公司收费部部长，被业界称为"广东高速公路最年轻的中层干部"。但过去的一帆风顺往往意味着后面的荆棘满布，随着工作量和难度指数的陡增，前所未有的压力使他心里越发"没底儿"。到底如何成长，如何突破？他再次陷入沉思，但这次他不再困惑，日益成熟的他不再思考交通系统这个行业是否适合自己的问题，而是朝着如何才能更快地成熟、更好地与上下级沟通并处理好人际关系"进军"——这是高层管理者需要掌握的基础能力。即使当时他已位居企业中层，但始终未曾忘记自己秉承的原则——少说多做。他相信好文章是改出来的，为得到更精彩的演说效果，他经常一份稿件反复修改并默念十数遍，用心制作PPT等辅助材料，有时候甚至通宵熬夜……他认为精品都是需要用心打磨的，只要珍惜每一个可以把握住的机会，一定能将自己最好的一面展现在众人眼前。多年来他一直如此，用心做事、静待机遇、等候佳音。他相信世间自有公道，只要用心付出并坚持到底，就一定会有收获！

善于总结，用心积淀

时代在改变，岁月可以改变一个人的容颜，却不曾改变一名优秀大学生秉承的原则。林惠宇认为，在大学期间很不起眼的一些专业知识其实都可以被真实地运用到工作中去。举个例子说，大学时老师讲过在专业化分工越来越细的当今社会，"大而全，小而全"的企业管理理念是欠妥的，因为这个知识点，林惠宇建议公司取消职工交通车配置，改为社会租赁，公司领导认为这个建议非常有建设性并付诸实践。只要专注用心、勤于思考就能准确找出企业短板弱项，从而"对症下药"制定整改提升措施，完成一次质的飞跃过程。在广东省高速公路有限公司湛江分公司、广东广乐高速公路有限公司分别任职副总经理和总经理期间，他先后两次在负责广东省最长营运里程管理的高速公路企业里就职，前者管理里程 288 千米，后者超过 300 千米，涵括基层单位超过 20 个，拥有员工过千人。在如此"庞大"的企业里，唯有善于总结，用心积淀，才能最有效率地提炼出一套"标准化管理"机制体系，在最短时间内最迅速、最直观地"复制"并广泛"输出"，让企管效应发挥到"至善"境界。而他在湛江分公司和广乐公司就促成了两次大型企管"臻于至善"的生动实践，他将标准化管理体系效能发挥得淋漓尽致，辅以办公智能信息化手段和企管开拓创新理念，不仅确保两家公司连续数年荣获"先进单位"荣誉，更培养出一大批业务骨干，打造起包括"长里程营运管理""平安公路""智能交通""掌路在手"等多个响当当的高速公路营运品牌，以包揽式姿态囊括十几项国家级、省部级和县处级奖项荣誉，企业员工的幸福感和归属感持续攀升，和谐稳健成为企业高质量发展的核心关键和优秀高速公路营运企业文化的最佳印证。

谈及多年来的高速公路从业经历，林惠宇最热切的期盼是希望在校的学弟、学妹们在学好专业知识基础上能够尽早找准自身定位，然后根据自身能力、性格寻找适合自己的城市与行业。他表示，北上广深固然繁华，在那里可能会拥有更多的发展机会，实现自己心中最美丽的梦想。但是金钱和幸福指数并不成正比，在花花世界里很容易迷失方向，忘却自己的初心和来时的路，所以他真诚慰藉大家："不妨多听听过来人的意见，因为找到一个适合自己的城市，或者说找准自己的发展方向，才是最重要的。也许那里不一定很繁华，但只要过得幸福，认清自己的内心，便是最令人羡慕的了。"

总之，他认为一名大学生在学习生活中，在各种社会实践中应该拥有更强的自学能力和思维能力，力争做到活学活用，善于总结提炼。在工作中学会分析要素，锻炼出一定的逻辑判断能力，以更好地分派任务，捕捉要素，跳出原有的思维模式促成一件事，让开拓创新在无数次的稳健行动中水到渠成。

抓特色，促品牌，成名校

回想起 20 多年前的北京物资学院，林惠宇感触颇深，那时他所在的年级只有不到 200 人，与现在每个年级 1500 多人的规模相差甚远。但林惠宇也坦言："正是因为学校规模小，才让我有更多机会建立起难忘的校园情！"他始终认为大学期间建立的师生情、同学情，将是一笔终身受益的财富，而且是无价的。

对于北京这个曾经生活了四年的地方，林惠宇也提出了对母校北京物资学院的期许。他希望学校能够打造出至少一个出类拔萃的特色教学品牌，并且争取办出两到三个在全国、在教育行业中有地位、有竞争力的特色专业乃至核心专业，尽早成为全国某个领域上的"顶尖学府"。

精彩问答

问：在面临很大的压力或遭遇到一些解决不了的困难时，您是怎样面对的？

答：少说多干，静观事态；少想困难，多想办法。

问：您认为一名大学生应该具备哪方面的能力？

答：人的能力可以分为两部分，第一是工作能力，也就是业务水平，这可以称为 IQ，也是刚步入社会的大学生最需要的，这时的工作能力很大一部分取决于员工的专业知识和自身状态。第二便是被大家称为 EQ 的人际关系能力，也可以叫作情商吧，这也是很多企业尤其是高层管理者最需要并且十分重视的。

问：您现在也算是有了一定的事业和成就，那您觉得促成您成功的最重要的一点是什么呢？

答：不论是在学校，还是以后的工作中，要珍惜每一次正式发言的机会，不论大小都要珍惜，你要永远记得"不打没有准备的仗"，也就是要时刻准备好。即使机会再小，你也要万分珍惜每一次发言机会，自信地、得体地向在场所有领导、同事表达自己的想法和意愿。能力是一点一滴培养出来的，不是一蹴而就的，也没有捷径可言，只有充分准备，把握机会，才能将最好的状态展现给所有人，从而一鸣惊人，继而鹰飞鱼翔，心潮逐浪。

笔者手记

调查显示，每个人一生平均要跳四次槽。大学毕业 25 年的林惠宇虽然有过很多次换岗经历，但他一直坚守在最初的行业上——广东交通系统（高速公路营运管理）无怨无悔。25 年来，他曾有过想放弃的思绪，也有过迷茫和无助，有过苦涩与泪水，但他始终相信只要踏踏实实，少说多做，把握有限生命中的每一次机会，真诚付出自己的全力，时间一定会予以公正的馈赠，让付出者收获应得的回报。这点相信很多人都明白，却往往也最容易忽视，但这一点也恰是林惠宇一直秉承的原则，也是他始终如一的初心，鼓舞他勇敢地举起熊熊燃烧的理想信念火炬，一路信步前行，走向成功的彼岸。他一直在广东高速公路上努力奔跑，勇攀每一座高峰，相信我们也能从中深受启发，在达成梦想的大道上奔跑不息。

你若精彩，天自安排

1991 级物流管理专业校友　卢涛

人物特写

卢涛，天津人，中共党员，北京物资学院 1991 级管理工程系物流管理专业校友。卢涛现任天津市商务委副处长。卢涛 1995 年从学校毕业，先是在天津市外资物资供应服务公司工作，后于 1998 年到一家中日合资企业工作，2002 年通过公务员考试进入天津商务委工作至今。

那些奋斗与情谊的年少时光

初见卢涛，便感受到一种亲切，他笑意盈盈地与我们握手交谈，之后又与我们在会议室继续聊天。他首先回忆了自己在母校的求学历程，说起这些事情，他感慨万千。

卢涛在大学时是一位十分看重友谊的学生，在他的记忆中，大学时的自己朋友很多。谈起兄弟情谊，卢涛向我们回忆了他在大学时与舍友、同乡以及非常要好的同学的经历，聊到与朋友在学校跳舞、在周末与朋友们一起去运河边玩、在考试时与朋友们一起奋斗的日子时，他自己都不禁笑了起来。卢涛告诉我们大学的四年是最美好的时光，也是友谊最纯粹的阶段，每一位大学生都应该珍惜大学四年的宝贵时间，珍惜在大学结交的良师益友。

卢涛师兄在大学的学习生活十分精彩，多次评选奖学金的名单上都有他的名字，但是他也向我们说起了自己唯一的遗憾就是没有获得过一等奖学金，因此，卢涛师兄提醒我们在大学时一定要好好学习，尤其重要的还是英语学习，他表示英语在以后的工作中是一种语言工具，所以在大学时学好英语，对将来的就业很有用处。另外，他还告诉我们要在大学多读书，比如，逻辑学、运筹学都十分有价值，卢涛师兄始终坚信开卷有益。但除此之外，他还告诉我们，在大学期间学的知识可能在以后的工作中用不到50%，但是这些知识中所蕴含的方法是十分有价值的，甚至是终身受益的。最后他还告诉了我们学习的方法，他表示所有的学习都不是用时间堆出来的，一定要学会找方法，只要找到了适合的方法，就一定能事半功倍，只有这样才能将自己所学到的知识更好地运用到日常的工作以及生活当中去。

在回忆大学生活的最后，卢涛师兄向我们回忆了他在大学时期的高数课，使他印象深刻，他回忆道，大一时曾有过不及格的情况，在老师和同学们的大力帮助下，成绩提升得很快，并保持得很好，线性代数课他曾考过班里的最高分，正因如此他们的师生情谊很深厚。从他的描述中，我们看到了他对老师深深的感激与思念。

你若精彩，天自安排

从大学毕业以后，卢涛开始了他的职业生涯，先是在一家国有企业工作，1998年到一家中日合资企业工作，一直到了2002年，卢涛决定考公务员，而这个决定也成了他如今工作的基础。

考公务员的道路并非自己想得那么简单，他向我们回忆道，他在笔试中成绩优异但面试却表现欠佳，而最后却因有一人放弃了这个工作，从而使他很幸运地成为公务员。在考取公务员之后，卢涛师兄也曾觉得自己的性格不适合自己所做的工作，曾经想过要放弃，但他的一位领导总是鼓励他继续做下去，这才让他继续坚持了下来。

卢涛对自己的工作十分认真，他告诉我们他在工作的过程中始终坚持着三点，一个是坚持原则、一个是兢兢业业，还有一个是廉洁奉公。除了这几点原则以外，卢涛在工作中还有自己的一套方法，在他接手任何工作之前都会先有工作思路，然后再规划安排，在工作的最后还会做一个工作总结。他向我们强调说，一定要学会工作总结，只有总结了才能及时发现自己的不足，从而去改进，以后的工作才会越做越好。

在卢涛对他的工作逐渐上手之后，他的工作能力也终于得到了赏识。然而他并没有因为自己在领导那里得到肯定而变得骄傲，他还是和之前一样低调处事。卢涛告诉我们，做事做得好一定能够得到别人的肯定，我们在校的学生也一样，要不断地用知识去武装自己，并且要持续地学习，不仅仅是要在书本中学习，在任何情况下都要学习，去学习书中的方法，书中的逻辑思维，这样就可以让自己变得更加强大。还有一点就是要在工作中与生活中学会忍让，懂得宽容，学会沉淀，不断地汲取、积累，这样我们才能拥有一个好的生活，并且有精力和热情去做好自己的工作。

在回忆自己求职的过程时，卢涛师兄告诉我们，你所经历的所有痛苦在将来都会是一种幸福，这也让我想到之前看过的一句话，你现在所流过的眼泪，在你经历了一定时间以后，都会让你笑着说出来。像当年的卢涛师兄，失败了也仍然不放弃，也像有本书里所说："很多年以后，当我又回忆起那些曾经让我痛苦的人和事的时候，我一定会抿着嘴微笑，微笑着回忆，包括那些痛苦和曾经迷失的自己。"我想这也是很多年以后卢涛想到自己之前的经历，尤其是所经历的痛苦时的一种想法吧：你若精彩，天自安排。

传递温暖，寄托感情

卢涛说做人不能够总是接受，接受多了别人的东西就一定要把一些东西释放出来，所以一定要去帮助别人或者将这份温暖去传递给别人，这样我们也会过得十分充实。

我想这也是他现在之所以能做得这么成功的原因，这种心里有别人并且乐于分享的品质也让他的路越走越顺。

另外，他还告诉我们，人生路上必然要经过一段艰涩的奋斗期，只要不抛弃，不放弃，始终保持向上的心态就一定能见到人生中的阳光。

精彩对话

问：您认为大学生在大学四年中应该注意什么？

答：一定要明确目标，清楚自己到底要什么。不要盲目跟风，自己在学校要好好学习。另外，还要学一些接地气的东西，学习一些课本上没有讲的知识，最后就是还要锻炼自己适应环境的能力，这点对以后工作十分有利。

问：您是怎样克服在工作中的困难的？

答：你所经历的所有痛苦在将来都会是一种幸福，并且在每个阶段都有痛苦的时候，但是只要你坚持下来就一定会有成绩。

问：您对物院的同学们有什么要表达的吗？

答：我并不是把你们当作我的师弟师妹，当作孩子，我更多的是把你们当作我的朋友，现在你们来采访我，我很高兴，但是不管以后能不能见面，你们都是我的朋友，我希望你们能把这份爱去传递给其他人，包括物院的老师同学们，也包括你们的朋友们。

笔者手记

这次的采访让记者印象最深刻的还是卢涛乐观的心态，这也是一种成功，一种值得让大家学习的精神，甚至是我们在以后的人生路上必须要有的一种品质，我们一定会将他的这份温暖与热情传递给更多的物院人。

脚踏实地 稳中求进

1992 级企业管理专业校友 叶志荣

人物特写

叶志荣，北京物资学院 1992 级管理系企业管理专业校友。他是第一个毕业不留京的校学生会主席，他热爱文艺，他怀念过去，他与人为善，他拥有一段闪闪发光的青春和一颗闪闪发光的心。他是优秀的毕业生，他大学专修物流专业，却数年从事商业地产行业，他敢闯、敢拼，他虽然成功，却态度和善，是什么让他步履坚韧地拼搏至今？让我们采访一下这位福建东百集团厦门世纪东百商业广场有限公司总经理——叶志荣。

文艺先锋的那些年

毕业后由于工作的原因很少回过学校，但通过一些照片可以看出，学校现在的变化非常大，他笑谈道，在他们那个年代，学校周边唯一的公交就是 388 路，而且需要走很远的路才到站台，他脱口而出的数字足以见证他对母校的回忆并没有随光阴而褪色。当提及大学生活，尤其是学生会的工作时，他的笑容那么纯真，那么美好，丝毫没有掺杂岁月的痕迹。他大学期间就热衷于学生工作，这也使他的大学生活变得非常充实，帮助他迅速成长，他从担任学习部委员到文艺部副部长再到最后的校学生会主席，稳扎稳打，在踏实中前进，自信但不自傲。在文艺部工作的一年是他最快乐、最自豪的一年，小到组织同学献血，大到组织一台文艺晚会，大学时候的他，敢想敢做，只身一人前往各高校邀请演出，还请到了当时小有名气的煤炭文工团前来助演，他说当时也没想那么多，没想可能不可能，只是为了办好晚会，就去协调。谈到这段回忆，他脸上满是欣慰与怀念，他觉得他做得好还有一个原因就是那时的他很单纯，没有任何目的，只是凭兴趣在做学生工作。正是因为当时过分忙于文艺活动，他患上支气管炎，至今还会发作。尽管如此，他无悔于青春，若再来一次，一切如旧。

正是大学期间这些学生工作的历练，教会了他成长，教会了他如何处理人际关系，这也对他毕业后快速融入工作单位和迅速成长起着至关重要的作用。正是大学时对待学生活动的工作热情让他在毕业后仍旧保持着一颗积极向上的心，对生活、对工作都充满热忱，正是这份热忱让叶志荣在就职初期能够很快适应职场、融入社会。他也说道："大学时期要注重学习，同时兼顾实践经验，两个都不能偏废，要合理分配时间，找到学习和工作的平衡点，两手都要抓，两手都要硬。"

谈到大学最重要的学习是什么的时候，他认为学生在学校学习的是逻辑关系，学习的是做人的道理。从小到大的应试教育让我们只会如何应试，如何记知识，却从来没有教会我们去独立思考问题、分析问题。逻辑思考能力往往影响着我们的人际关系，影响着我们生活、工作中的方方面面。他虽然没有从事过物流的相关工作，但是在大学时期培养的逻辑思考能力对他今后的职业发展都有着不可小觑的影响。

选择，坚持，沉淀，前行

他毕业后，自己是倾向于留京的，但是在父母的压力下，最终回到故乡发展，他也想过从事物流专业相关工作，但是当时物流的大企业比较少，更多的是生产型企业的物流部招人。就是在这种情况下，他发现自己对销售感兴趣，他认为兴趣很重要，所以他先后从事七年商业地产工作以及近十年的零售业工作，偏经济方向，不再涉及物流方向。他说，就业可以不局限于本专业，根据兴趣选择职业，一旦选择了就不要半途而废，只有经历过、努力过，才知道行与不行。他的第一份工作是在一个上市的国有零售企业，仅仅花了四年的时间就从营业员做到了业务经理。他只是简单地说全是因为当时自己勤快有激情，是一个普普通通正在进步的职业人，虽然他说得这样轻描淡写，但是我们可想而知他在这快速发展的四年背后一定也有着不为人知的艰辛与付出。他最早的工作内容是核对公司库存。当时没有库存实时系统，全靠手工记录。他为了提高准确率就用大学所学的知识简单地编出一套核对库存的程序，大大提高了核对库存的准确率。他不仅是在工作，他更多的是在思考如何更好地工作，在工作的同时不忘时时提高自己的复合竞争力，将自己培养成复合型高级管理人才。

不断洞察社会发展，理性分析自己的优势，他开始转向具有良好发展前景的商业地产业。当他做出这个决定后，他不断学习房地产业相关知识并在房地产行业积攒了七年的工作经验。所谓厚积薄发，他有足够的耐心让自己更好地积累。最终他来到了福建省零售业的龙头企业福建东百集团，让自己在一个更高更广的平台上施展自己的才能。

学校中播种，社会中收获

他结合自己多年的工作经历和亲身体会，对在校读书的学弟学妹们的忠告凝练成了八个字——"谦逊、自信、勤奋、耐心"。年轻人为人处世一定要谦卑，善于虚心请教，这样才能更好地成长。要摒弃浮躁，老老实实做人，踏踏实实做事，但是自信一定不能缺少，只有自己相信自己，别人才有可能信任你，依靠你。无论是做事业还是做工作一定要勤奋，很多成就不是一下子就得到的，都是不断坚持下来，努力拼搏出来的。

"耐心"这两个字是他着重强调的。由于时代在变化，社会在发展，90后比较浮躁，不够耐心踏实，很多刚毕业的大学生刚到工作岗位就怕吃苦受累，抱怨工作条件不好，或是干不到几个月就纷纷跳槽。如果想要胜过他人，那就要有他人所不具备的品质。如何去耕种，就会如何收获。

精彩对话

问：大学在学生会的经历是不是对您以后的人际关系影响很大？

答：是的。我在信达的时候花了四年的时间就从营业员做到了部门经理，成为曾经同事或是老前辈的领导，所以人际关系很重要，我花了四个月的时间就与他们磨合完成了。领导是别人觉得你是领导你才是领导，别人觉得你行你才行。

问：您在学生工作方面取得了很大成绩，那么您如何看待大学期间学习与学生工作的关系，我们应该如何处理它们的关系？

答：两者都要兼顾好，学习固然应当稳步前行，但是大学是一个小社会，要有意识地去锻炼自己的人际交往能力，不然毕业后容易与社会脱节。

笔者手记

在踏实中步履坚毅，在谦逊中彰显大气。现在的这个社会上不乏小有成就者，但很少有人在获得了一定成就后仍能像从前那样谦虚地稳步向前发展，一直谦逊、平和，对生活充满激情，对未来充满渴望。叶志荣永远在规划，永远在进步。如果对这次采访做一个总结，那就是懂得奋进的物院人不断前行。

认真做好每一件事

1992 级国际贸易专业校友　林倬

人物特写

林倬，北京物资学院 1992 级经济系国际金融与贸易专业校友，在校期间任经济系学生会主席，毕业后自主创业。

把平凡的小事做好就是不平凡

林倬现在从事铅酸蓄电池和锂电池的研发生产和营销工作，他在 2003 年创立了自己的公司和品牌（Sunstone），并于 2008 年在云南昆明购买土地 100 亩建立了自己的生产基地，2017 年在德国和印度尼西亚成立了海外全资子公司。俗话说得好："把平凡的小事做好就是不平凡。"多少年来无论对待任何事，他都身体力行认真负责。他在艰辛的创业路上依然保持着自己健康的生活方式和积极的生活态度。林倬很少应酬，可是生意照样蒸蒸日上，他认为做好生意最重要的还是实力。他不抽烟不喝酒，注重养生，闲暇时除了看看书就是陪伴孩子。"幸福"是他人生的真实写照。

在学生工作中提升能力

大学生活是林倬心里最美好的回忆，当年他带着憧憬踏入北京物资学院的大门，立志要在学习和实践上双丰收。怀着这个梦想林倬在大一加入了系里的学生会。在学生会从事学生工作时，他认真负责地对待每一件事，高质量地完成每一个任务，受到了老师和同学的称赞。正因为如此，最后他很荣幸地当上了经济学院学生会主席。他认为在做学生工作时，最重要的是人际交往能力、组织能力和应急能力。在工作过程中，他的能力也得到了很好的锻炼，这为他以后自主创业经营自己的公司打下了坚实的基础。

协调时间，游刃有余

在学生会任职的林倬虽然每天事情很多，但他依然可以很好地协调自己的工作时间和学习时间。在他看来学习和工作应该是相互促进的，而不是因为工作而耽误了学习，或是因为学习导致工作质量下降。在大学虽然他工作很忙，但也没放松过学习，大学四年每年他都拿到了学校的奖学金。他很好地平衡了学习与工作的关系，正所谓学习工作两不误，双丰收！这也正是他当初入学时的理想。

修饰自我，赢得尊重

对于大学交友之道，林倬有着自己独到的见解。大学汇集了五湖四海的各式各样的人，其中不乏有益友。他觉得大学的人际关系很重要，也的确可以交到很多朋友。但是他觉得一定要从自身做起，不断提高自己的学习能力、素质和修养，展现自己的特点和专长。通过自己的优秀来赢得别人的尊重，向人家展示出自己的实力。他觉得这样的人际关系才更牢固长久，这样交到的朋友才更志同道合。如果一味地专营人际关系，乱交朋友，不但不会赢得真正的友谊，也是对自己对他人不尊重的表现。也不会有自己真正的人际交往圈。看来交友也要择善而从，找适合自己的朋友。

适当实践，主次分明

林倬觉得大学四年，光有学校的学生工作也是不太完美的，毕竟大学不比社会，它们之间还是有一些差距的，所以在保证了自己学习成绩稳定的前提下他还积极参加了一些社会实践和兼职活动。大学期间他就曾和同学一起组织了一个去河北省扶贫的社会实践活动，他觉得从中很受益。在他看来兼职也是一样，适当做做就好，关键还是把学习搞上去，真正学到知识，这才是今后实践的基础。如果因为兼职等活动耽误了学习那就适得其反、得不偿失了。

热衷专业，积极创业

毕业后学校希望他能够留校，但后来他为了自己的女朋友回到了云南，到现在他也不后悔自己当初的选择，如果把现在的他放回当时那种情境下，他依然会这么选择。当时他从事的就是自己专业方面的工作，他很喜欢自己的专业，先去了中国包装材料贸易公司，这是一家国企，本来就想在云南发展了，可是当他坐在办公室的时候，看着那些年龄大的同事，仿佛看到了自己五六十岁时候的样子，而且他发现内地发展很容易就碰到天花板，所以决定自主创业。就这样他建立了自己的品牌，后来随着品牌的发展，开始自己建工厂，生产自己的产品。当然，这其中也遇到了很多困难，开始他做的是蓄电池产业，随着电池技术的发展，公司在近五年进入了锂电池的储能行业。林倬的公司业务一直专注于海外市场，并于 2017 年年初在德国法兰克福创立了 Sunstone 旗下第一家海外全资公司 Sunstone Power Industrial GmbH，并设立了专门面对欧盟市场的海外仓库，做到第一时间发货从而提供更快的本地市场支持。然后他在 2017 年 6 月在印度尼西亚首都雅加达买下了仓库和小栋写字楼，创立了第二家海外全资子公司。目前海外两家子公司已经在第一年实现了盈利并呈现出了良好的发展势头。截止到 2020 年，林倬创业已经有 17 年了，目前产品销售到了超过 70 个国家，产品品牌在美国、英国、澳大利亚、欧盟，东南亚及非洲知识产权商标联盟等 57 个国家注册，系统地保护了自己的知识产权。Sunstone 品牌已经被全球超过 10 家知名电信运营商如马来西亚电信、Maxis 移动运营商、印尼国家电信及秘鲁电信等列为合格供应商品牌，并为全球知名不间断电源制造商如 ABB、Legrand、Riello 等选为电池供应商。他创业的成功与他在校期间的努力是分不开的，一分辛劳一分甜，付出总有回报。

合理规划，严肃对待

可能林倬如此成功的人生会使人认为他一定有很棒的人生规划吧。实则不然，他觉得人的一生不可控因素太多了，人生实际上是很难规划的，但是绝不意味着就没有规划。在他看来好多人生经历是不可避免的，而且你不知道下一刻会发生什么，所以我们的脑海里有一个大致的方向，不要规划得很严格。"必须这么做，一定要怎么样"一般效果不是很好。每一个选择和调整都应该很严肃地对待。他这种实事求是的态度，对他的成功很有帮助。的确人生很多事是很难预料的，像他一样踏实走好每一步，认真对待每一件事就够了。

实事求是，帮助校友

虽然已经毕业，但林倬依然心系母校，关心着自己的校友。毕业后他工作很忙，参加的校友活动很少，但是仍然积极参加了"携手助飞"助学基金的捐款活动。他很支持这个活动，他觉得这个活动很有意义，可以真正帮助那些需要帮助的校友，为校友尽自己的绵薄之力也是应该的。

精彩对话

问：专业所学知识与工作所需知识有何区别与联系？

答：学校里主要学到的是基础知识、思维方式和学习能力，其中思维方式尤为重要，在学校的时候要努力提高自己的综合素质。步入工作岗位后是对我们所学知识的又一个补充和升华。

问：能否结合您丰富的人生阅历，给在校生提些宝贵意见？

答：最重要的是一定要有过硬的专业知识，努力提高自身的综合素质和能力。认真对待学习工作，注重细节。我们在用人的时候会优先考虑专业，适当的工作经历会增加你应聘成功的筹码。要严肃对待人生，是金子总会发光，做一个上进的人。

问：您对大学生毕业后的发展方向有什么看法？

答：选择其实是要看个性，结合实际情况。像出国、考研多读书是好的，不过为了就业出国未必是一个很好的选择，关键看自己想要的是什么样的生活。还是那句话，认真对待就好。

笔者手记

林倬那独特的人格魅力使笔者至今记忆犹新，踏踏实实做事，认认真真做人，把握细节，这不仅在学习上，对今后的生活和工作也是大有裨益的。所谓心诚则灵，只要每件事你都尽自己最大的努力，相信结果一定是美好的。

长行者常至，长为者常成

1993 级企业管理专业校友　敬文宝

人物特写

敬文宝，1993 级北京物资学院继续教育学院企业管理专业校友，现任北清培优教育科技（北京）有限公司董事长，四川天鳌建设工程有限公司、成都华胜工程设计（集团）有限公司总经理，北京物资学院兼职教授，清华大学建筑设计研究院成都分院特聘专家顾问。

学习能力、终身学习和创新能力，是构建一个人核心竞争力的三大要素，意志力是一个人成功的决定性因素。毕业 25 年来，敬文宝先后在建筑行业和教育培训行业创业，创办了属于他的天鳌建设和北清培优公司，最近三年天鳌建设的业绩逆势增长十余倍，而北清培优可谓是曲径通幽。坚韧不拔的毅力，不畏艰辛的勇气，创业创新的理念，使他的事业如鱼得水、游刃有余，令小编情不自禁地想对他的大学心路历程一探究竟。

缘系物院

当年应届通过成人大专考试来到北京物资学院继续教育学院的敬文宝，在和其他校友聊天时，总是气定神闲地调侃自己是从北京物资学院的"侧门"进来的。在校园广播站任编辑期间，他认识了一群志同道合的伙伴，难掩满脸欣慰和自豪的他说这是自己人生中一笔宝贵财富。这两年时间里，他对校园广播站的管理制度进行了一系列大刀阔斧的改革，一是他当时做了个充满冒险而胸有成竹的决策，把校园广播站点歌资费直接由 0.5 元/首提高到 2 元/首，资费提高后校园广播站点歌项目的价格和价值得到了完美的展现，校园广播站的经济效益不仅没有下降反而大大提升，在三大校级媒体中校园广播站的名气蒸蒸日上，人才纷至沓来，为把校园广播站办成母校在校生的精神家园提供了资金和人才上的支持；二是必须在节目内容结尾处将编辑和播音员的姓名一并播送出来，让节目编辑和播音员的姓名根植人心，让好节目的编辑和播音员得到听众的认可和赞美，反之得到听众建议和鞭策，同时接受听众的监督，让校园广播站节目的质量越来越好；三是设立意见箱与听众沟通，把握听众动态和心声，让校园广播站的节目和听众的心越来越亲近，同时自己和校园广播站的小伙伴们也在这份事业中一点一滴地成长，收获友谊、快乐和成就。

撇开校园广播站的工作，校图书馆就是他疯狂获取知识的乐园，海量的课外阅读拓展了他人生、事业的经纬。一年一度的大学生辩论会辩题的素材，总被"先到者"攫取——撕毁图书素材页或者在图书素材页"开天窗"。图书管理员亲眼看到了他的踏实勤奋，不忍心看到这个孜孜不倦渴求知识的物院学子失望，总是将图书馆存档备份的图书"借"给他阅读，就撕毁图书素材页或者在图书素材页"开天窗"现象，他专门在校园广播站做了一期节目，深邃成熟的思想和发自肺腑的呐喊，赢得了大家的高度认同和默默支持，感染和影响了一批又一批的物院学子。

钟爱教育事业

2009 年春节，就是他和北大继续教育学院谈好在成都办总裁班的那个春节，他发现，在教育培训行业最需要关注的人群不是企业家而是中小学生，于是他一头扎进中小学教育培训就是八年，足迹遍布大江南北、遍访名师，研究教育成功的规律，于 2015 年 9 月 1 日这个特殊的日子，创立了北清培优教育科技（北京）有限公司，独创了"3U＋3D＋3G"教育培养运营体系，以爱为核心，致力于中小学培生陪伴式素质教育事业；他提出教育共享空间理念，要做教育生态的助梦者，平衡有限的优质教育资源，于 2016 年 5 月 16 日接受央视主持人姚雪松专访；2017—2018 年，应中国科学院博士生导师、国务院特殊津贴获得者、中国著名心理学家、著名高考研究专家，被媒体广泛关注的高考问题研究权威、被公认为中国高考心理指导第一人王极盛教授的邀请，担任"王极盛心理学丛书"出版的策划人。

在学习和研究教育成功规律期间，他发现家庭关系的核心是夫妻关系，其次是亲子关系；原生家庭因素和意志力是中小学生学习成功的决定性因素；高考时考得好、志愿报得好和平时学得好同等重要，并总结高考成功的三大要素：学习实力、学习和考试时的状态、考试时的运气之间的规律。他运用学习和掌握的这些知识和规律，帮助数以百计的家庭过上和谐、幸福、美满的生活，帮助无数的莘莘学子轻松地考出了意想不到的好成绩，其中不乏母校的校友。

精彩对话

问：您能给我们分享一下您毕业后找工作的经历吗？

答：大学毕业放弃了"铁饭碗"，还没有拿到毕业证书，就不撞南墙不回头地提前奔赴改革开放的前沿阵地——广东。在广东找工作的三个月里，可以说尝尽人生的酸甜苦辣，见惯了人间的阴晴圆缺和悲欢离合，每次都被同一个理由（没有实践经验）拒绝，我开始怀疑人生："当初是哪来的'下海'的勇气和底气？骑车找工作被广东骄阳晒掉的三层皮值不值得？一个好汉三个帮，这些老板就不需要一个好帮手吗？"

1995 年 8 月 8 日，台资企业东莞达升招聘人事（现在叫人力资源），经熟人引荐由该公司的董事长面试，习惯被拒的我，在当时也无所畏惧，从公司的内部治理到市场拓展，再到国际国内该行业的现状侃侃而谈，谈完我就后悔不已，还没有给他看我的"敲门砖"——毕业证呢，我的小心脏突然不受控制，怦怦地跳起来，坐在我对面的董事长仿佛看透了我的心思，平静地微笑着对我说："你被录用了，继续讲，你讲得很好。"功夫不负有心人！我高兴得想要攥紧拳头跳起来尖叫，但我抑制住心中那股强烈的兴奋，那一夜我失眠了，因为明天我将开启我的职业生涯。

问：请您给我们应届毕业生一些建议，毕业后该如何对待自己的第一份工作呢？

答：首先，先就业再择业。纸上得来终觉浅，绝知此事要躬行；拥有知识不是力量，运用知识才有力量。刚毕业的大学生需要更多的是学习与实践的机会，放低身段、忍受低薪（实际上是企业给你缴的学费），珍惜每一次学习机会，工作的目的除了赚钱，更重要的是学到赚钱的本事；干一行爱一行，从基层做起，不断积累行业经验，探索行业本质和内在运行逻辑，使自己成为这个行业的行家里手。领导信任、团队接纳、同事欢迎、客户满意、工作创新是职场成熟的表现，也是工作溢价的筹码。

问：在社会上您打拼多年，人生阅历非常丰富，那么您能给我们在校生提几点宝贵意见吗？

答：我认为本科阶段知识的积累，会增加我们人生和事业的宽度和高度，在校大学生的第一要务是学习、学习、再学习；其次是树立正确的价值观取向并注重培养自己的管理和领导能力，比如入党、担任学生会干部或者班干部、参加学校及社会组织的各种有益的活动等。哲学家的眼光、演讲家的口才、艺术家的语言、外交家的手腕和军事家的气魄，是我们当代大学生不忘初心的勉励和追求。

笔者手记

成事者必定顺大势。在大众创业、万众创新、绿水青山也是金山银山的大背景下，很多传统实体企业无路可走，而敬文宝敏锐地发现，国家要让实体企业实现规范化、规模化、品质化、品牌化发展，要刮骨疗伤剔除不正当的政商关系、裙带关系、商业贿赂等阻碍企业发展和创新的诟病，让企业秉持经营发展的本质——等质价优、等价质优，让企业家秉持勤奋、坚持、创新的企业家精神，让全社会释放出创业创新的活力。他正在用实际行动践行大国仿造向大国制造、大国制造向大国智造、大国智造向大国创造的国家战略。

哲学家的眼光、演讲家的口才、艺术家的语言、外交家的手腕和军事家的气魄是我们笃定努力的方向。我们将秉承物院校训"厚德、博学、笃行、日新"，继往开来、锐意进取、推陈出新。乘风破浪会有时，直挂云帆济沧海。任光阴逝去，任岁月雕刻了容颜，有你，有他，还有我，我们都是有怨无悔的物院人。

在合适的时候做合适的事

1993 级会计专业校友 张欢

人物特写

张欢，北京物资学院 1993 级会计系会计专业校友，现任平安银行上海松江新城支行行长。

做好本职，谨慎创业

在大学期间，张欢算得上是一个比较活跃的学生，经常组织一些班级的活动，比如，会计系的录像播放厅、舞蹈厅都是在他的组织下一步一步地发展起来的，因此，他在同学之中也是极具号召力的一个人。除了在活动方面，张欢在学习和探索问题上也是非常有热情的。在 20 世纪 90 年代，市场经济刚刚开始苏醒，张欢和几个同学便已经有了对市场经济的一些意识并对此进行了一些探讨，可以说是与时代潮流同步，这些对于他毕业后的发展都起到了一定的作用。回想起自己的大学生活，张欢觉得作为大学生，应当博览群书，认真学好专业知识，做好本职工作，多做这些符合大学生身份的事情。

面对现在许多大学生在大学期间就想着如何创业这一点，张欢持一种不支持的态度，他觉得在当前的经济环境、市场环境之下，创业并不是那么简单的。作为一个大学生，没有经济来源，没有社会阅历的积累，也没有一定的人脉基础，就一直去想着自己如何去创业，即便是拥有一个非常好的点子，也是非常难成功的。他也说就目前的统计来看，大学生创业的成功率还不到 1%。所以他总结说不如将这种创业的热情转移到对生活的热情中，把握好大学的四年，多多经历，多去外面走走，读万卷书行万里路，充分积累经验，或是去与那些优秀的人交流，为以后的创业打好基础。

同时作为一个大学生，掌握多种技能、拥有广泛的兴趣爱好也是必不可少的，例如，茶艺、书法、体育运动之类的技能掌握得越多越好，可以只精通其中的一两个，但是如果要学，就必须找优秀的人去学，那样提升的空间才大。凭借这些技能，我们就不至于跟谁聊天都像是一个门外汉，相反能够应对多变的职场需求。

另外，他觉得现在大学生的体质越来越差。他说现在有许多刚工作的大学生往往因为身体原因没法承受工作的压力，甚至在一些体育比赛上还比不过他这个老前辈。张欢觉得大学生应该要注意自己身体的锻炼，身体是革命的本钱，只有锻炼好了才能适应工作的压力，不要在工作累倒了之后才后悔当初没有好好锻炼身体。

因此，他觉得大学生应该认识到这些方面，不要去做一些太过超前的事情，在大学期间"学好，玩好，锻炼好"才是一个大学生应该去做的。

着眼高处，脚踏实地

张欢现在已经是一位副行长，在这个行业中可以算得上是成功人士，这样的成就并不是轻易获得的。他在毕业之后便来到了银行，也是从一个小职员开始做起，工作非常辛苦。他说那个时候真的只有靠勤奋和节约才能维持基本的生活需求。譬如打车10元能到目的地，他宁可选择自己走过去，吃饭也就买几个面包将就一下。他也坦言要是在现在，他是绝对不会再去吃这种苦了。在经历了这种从无到有的历程之后，他感慨如果毕业之后第一份工作起点更高的话，工作之后发展的道路可能就不会这么充满艰辛了，或许也能提前几年就获得更大的成功。因而他觉得一个人的工作规划着眼要高，如果第一份工作的起点高的话，工作单位会对于我们未来的职业发展有一个系统的规划，同时，我们也可以收获更多富有远见的想法，视野更加开阔，在工作多年之后所到达的高度也就完全是另一个等级了。当然，如果第一份工作并不是非常好，我们也可以先稳定下来，积累经验，最终去找到一份满意的工作。

同时，张欢还说，虽然在找工作的时候着眼要高，但是找到工作之后一定要学会贴近实际，脚踏实地地去做自己的工作。在职场上，我们的一举一动都是会被领导知道，是谁在认真工作而谁没有在上司眼里是一清二楚的。因此要脚踏实地，从基层开始一步一步地发展。同时，如果是在几年之后职位得到了晋升，也要记得与手下的员工交流。"要学会感恩，"张欢说，"我们的工作很多都是下面的员工去做的，他们是最辛苦的，我们不能忘记他们的贡献。"同时，员工还是一个单位里最为敏感的触角，因此，作为高层领导要学会经常去了解员工的想法，去"接地气"。这不仅是张欢的感悟，更是他这么多年来切身的经历。

热情真诚，感恩母校

在校庆 30 周年时，张欢曾经回过母校，看到了学校的发展与变化，想到当年与同学们一起去运河边野炊烧烤，在操场上挥洒汗水的那段青葱岁月，他心里也是感慨万千，不仅有着对大学四年时光的怀念，更有对母校的深情。因此，在毕业之后，他积极地参加校友会的各种活动，并且带动了周围的一个圈子的校友都参与其中。对待校友，他热情、真诚，正体现出对母校的浓浓情谊。"我们的学校虽然小，但是我们在校接受了很好的教育，我们应该为进入北京物资学院感到骄傲。"

精彩对话

问：有许多学生觉得大学生应当凭借一股劲去创业，去闯一下，输也输不了什么，您对这个想法这么看？

答：关于大学生创业，我认为现在如果有好的点子的话，你可以找大学生创业基金或外面的天使投资，如果这两项都找不到的话，我是不主张大学生去创业，毕竟失败的风险很高。

问：作为一个领导，您在招收员工的时候会注重哪些方面？

答：首先，要看专业，不过这不是重点，现在的工作中专业真正对口的还是相当少的。在专业不对口的前提下要看员工是不是够"聪明"，就是看他能不能快速适应工作的环境。这是非常重要的一点，要是一个员工一教就会，领导自然会非常满意。其次，员工必须要阳光积极，不能总是有着悲观的想法，人要对自己有信心，不能老是处在一种消极的状态，一个人的工作状态是可以影响很大的范围。所以能力和心态是招聘时比较看重的两个方面。

问：您觉得校友会对于校友有什么帮助作用？

答：校友会与校友是一个互帮互助的关系，校友会对我们的帮助也是很大的，主要是为我们提供了一个很好的交流环境，让我们从一个小圈子内的交流变成了一个大圈子范围内的交流。同时也能让一些出类拔萃的、富有热心的校友能够有更多的机会去和其他校友接触，相互认识。这个帮助还是挺大的。

问：作为一个会计系的毕业生，您对会计专业的后辈们有什么建议吗？

答：会计绝对是一门不错的专业，我一直这么觉得，会计专业的学生一定要学好基本的技能，毕竟这是一门靠技术的专业。在学校的时候要多读书，把该考的证书都拿下，这样才能拥有敲门砖，找到好的工作。

笔者手记

　　张欢的许多观点都源于自己的生活和工作的过程，他以一位前辈的身份对我们在校生给予谆谆教诲。我们在日常的学习生活中往往会头脑发热，有一些不切实际的想法，而学长的一句"在合适的时候做合适的事"则是让我们明白自己的主要任务、看清现状的一剂良药。

明白做人　踏实做事

1994 级物资经济专业校友　詹庆辉

人物特写

　　詹庆辉，北京物资学院 1994 级研究生部物资经济系校友，现任北京物资学院北京校友会理事、北京国鑫控股集团有限公司董事长、中央财经大学和北京师范大学 MBA 校外导师。

　　詹庆辉校友拥有注册会计师、注册资产评估师、房地产估价师、土地估价师、证券和基金从业等执业资格，其陆续发起设立了北京中坤房地产评估有限公司、北京中威辰光资产评估有限公司、北京中永信会计师事务所有限公司、北京中永信税务师事务所有限公司、北京国鑫典当有限公司、北京鑫谊典当行有限公司以及北京国鑫众合股权投资合伙企业（有限合伙），组建了北京国鑫控股集团。主要从事财务审计、资产评估、房地产评估、纳税筹划等经济鉴证、咨询业务和典当融款、股权投资、证券投资等金融业务。国鑫集团旗下投资的股权项目中已有多家成功在 A 股上市，发行的证券投资基金产品的业绩表现优异。国鑫集团现为中关村新三板企业专业委员会执委成员，还是中关村创新文化发展促进会发起单位、中关村成长型科技企业互助促进会金融工作委员会常务副主任委员以及中国中小企业协会、北京典当行业协会、中关村科技企业家协会等多家协会组织理事单位，积极为社会经济和文化建设做出贡献。国鑫集团积极投入公益事业，在北京物资学院和湖北枣阳一中设有"国鑫奖学金"。

刻苦读书，用心沉淀

詹庆辉本科就读于天津工业大学纺织工程系，从事工科的他毕业后被分回湖北襄樊，当时经济体制改革大潮席卷而来，他意识到经济专业知识的重要性，于是报考了中国人民大学的研究生，后被调剂到北京物资学院研究生部物资经济专业。

物院研究生期间，他用功学习，广泛涉猎，还自学资产评估、会计等学科，拥有了较完善的知识体系。他说技不压身，知识越多，专业能力越强。他最大的感触就是在大学和研究生期间没有浪费时间，学习能力和专业素养得到很大提升。他说大学生要学的知识很多，要充分利用大学时光好好学习，提升自己。大学生一定要提前做好职业规划，完善知识结构，点面结合，且要善于归纳总结成自己的东西，学到最后发现知识都是相通的，一通百通，成功就是水到渠成的事。课余时间还要多参加社团等社会实践活动，学会与人相处，提高自己的综合素质。

他还讲道，在校期间最难忘的是考取注册评估师的经历，那是全国第一届注册评估师的考试，他并非此专业的学生，之前什么都不懂，在很短时间内要掌握好几门的专业知识，难度的确不小。更不幸的是考试将至，却因踢足球把脚踝摔骨折了，很长时间打着石膏，给学习生活带来诸多不便，但他仍坚持积极备考，没有放弃，最终以优异成绩通过了注册评估师资格考试。这份"努力"让他引以为豪，终生难忘。

艰苦创业，苦尽甘来

研究生毕业后，詹庆辉被分配到电子工业部中国电子工程设计院从事技术经济方面的工作，参与了多项国家重点建设项目的可行性研究、财务评价和投资概预算工作。两年后他想自己创业，可是单位不愿放人，提出很多优厚的条件，年轻有为的他依然选择放弃优厚的待遇，开始自己的创业之旅，与另一位合伙人创办了一家资产评估事务所。通过自己过硬的专业能力，他提供的方案圆满解决了客户面临的棘手难题，从而得到了客户的认可和赞许，业务也就很快开展起来。之后，他又成立了自己的会计师事务所、房地产评估事务所，后跨界涉足金融行业，开始从典当行做起，再后来又专注于股权投资和证券投资，并取得了优秀的业绩。

对于创业，他谈到大学生创业不是不可行，但一定要全面了解社会，把握社会需求，与市场经济结合起来，使得产品和服务能够被社会所接受，且对社会有益，充满正能量。创业需要一定的知识积淀和品德修养，也就是专业强和人品好。

他说年轻人一定要有自己的目标，为自己的梦想努力拼搏、坚持不懈，成功之门迟早会为你打开。

深切祝愿，殷切期盼

作为北京物资学院北京校友会的理事，詹庆辉非常热衷于母校的校友事业，经常参加一些校友活动，还受邀出席物资学院模拟招聘会，为物院学子提供很多实习机会。他说国鑫集团企业文化做得非常好，如组织学习王阳明心学、稻盛和夫哲学；每位员工都有一个心得本，每周把自己的成功和过失、反思和总结，或是生活的精彩片段记录下来，定期互相交流促进；只有反思才会有沉淀，才会有进步。他认为不仅一个企业需要这样，大学生平时也要这样，需要静心思考、沉淀，这样才能更快地成长，才不至于虚度大学时光。

以一个过来人的身份，他建议母校的学弟学妹们在大学期间要提升自己的智商，培养自己的情商。在用功读书的同时注重社会实践与人际关系，对于一个大学生来说，学习能力、品德修养都很重要，而情商比智商更为重要。所以大学期间，在保证学业的前提下，有时间要多接触社会，多参与一些社团活动等，但是要有一个平衡点，不走向任何一个极端。一直关心母校发展的他希望母校可以越办越好，希望校友会可以举办更多活动，加强校友与母校的联系，同时希望自己以后有更多机会与母校合作。

精彩对话

问：您认为现在考研重要吗？

答：我们那时候研究生比较少，考研挺有优势的。现在来讲，我认为考研没那么重要，因为企业看的是你能够为公司为企业带来多大的贡献，主要看的是综合素质而不是学历。国企有可能看中你的学历，而民企更看重你的综合素质，仅智商超群是不行的，更重要的要看你个人的优良品德、为人处世的能力、情绪的自控能力、意志力、忍耐力、勤劳与奉献的精神等，我们可以称之为情商。即使你是清华、北大的研究生，智商可能很高，如果情商低，企业是不会重用你的，因为企业往往更看重体现个人优良品质方面的情商。你的人生是否成功，不是你的学历决定的，主要还是你的情商决定的。你拥有的优良品质越多，你的人生道路就会走得顺、走得远。从这个意义上说，考研显得不是那么重要。

问：从我们学生角度，对我们在面试、投简历时，有什么建议？

答：从企业的角度，关注的是被面试者是什么类型的人（岗位与性格合不合），和职业规划切合度高不高，有没有热情。写简历时要实事求是，要真诚，不要夸大优点，不要掩盖缺点。企业会看你的热情、沟通能力、协调能力、组织能力等。企业有不同的岗位，适合自己就行。不同企业对实习经历要求不同，有些看中的是潜质。面试时要让人看清楚你是什么样的人，是不是适合这个岗位，否则你只能在众多面试之中被淹没。

除注重应聘者的专业能力、独立思考能力外，企业也看重员工的责任心和优良品质。一个人对工作有热情，责任心强，为人正直、待人真诚、做人谦卑，自然会在工作中脱颖而出，得到领导的认可，而被委以重任。

问：您对成功的定义是什么？

答：不同的人对成功有不同的定义，我认为成功就是实现人生目标，体现自己的价值。每个人的目标和人生观都不一样，成功的标准也不一样，成功是一种心理感受，我认为你的事业、生活能够让你心情愉悦就是成功。

笔者手记

听君一席话，胜读十年书，记者通过对校友詹庆辉的深度访谈，深刻体会到专业和品德的重要性。所以记者希望在以后的学习和生活中，大家一定要珍惜时间刻苦学习，完备知识结构，提高自己的专业胜任能力；同时，在日常学习生活中注重提升自己品德修养，坚持下去，相信大家一定会创造属于自己的辉煌。

勤恳做事　踏实做人

1994 级经济系校友　曾佑华

人物特写

　　曾佑华，北京物资学院1994级经济系贸易系经济专业校友，毕业后进入福建省统计局下属国有企业，后经历多家企业从事不同工作。最终自主创业，创立福建省决策资源市场研究公司，专业从事统计调查、政务服务和第三方测评监管公司。

　　"天道酬勤"曾是多少人的座右铭，又曾有多少人身体力行并最终有所建树？在和曾佑华师兄的深入交谈中我体会到了"天道酬勤"的真正意义就是做事需勤恳，做人要踏实，时刻做好准备等待机遇的降临。

学校生活收获丰厚

四年的大学生活在曾佑华的一生中非常重要，如果用三个词来描述，第一个词是"充实"，他们那个年代，考上大学是不容易的，所以大学期间曾佑华对学习从来不敢怠慢，都在以一个认真、端正的态度去学习专业知识。第二个词是"珍惜"，四年的时间转眼即逝，至今他依然怀念两三元的炸鸡腿，大学生活的点点滴滴现在看来都弥足珍贵，他很珍惜这一段记忆。最后一个词是"成长"，除了在大学中认真学习专业知识，他还通过阅读拓宽知识面，提升自己的逻辑思维和思考能力，以至于在后来的学习和生活中遇到问题，他都能冷静下来解决问题。他当时的校园生活除了在大一开始勤工俭学，还从家乡带网球拍、羽毛球拍、香皂等物品来学校贩卖，到北京各大高校推销，这些推销员的经验虽然辛苦但对曾佑华来说很宝贵，这是他第一次接触社会，体验到了生活的艰辛和磨炼。

逐梦人生

当谈及事业历程时，曾佑华笑着说："我从事过很多类型的工作，无论是国企还是民企以及自己创业，都经历过。"回想起第一份工作曾佑华很有感慨，他描述道，当时进入的是一家国有企业，初期给自己的定位是一个新人，需要抱着一个谦虚的态度去学习和请教。为了尽快熟悉公司的业务和更好地完成手头的工作，除去白天上班外，他每天晚上都会查阅资料学习，终于半年不到成为部门经理，不到一年成为公司副总。国有企业的弊端使他萌生了寻找新的发展机会的念头，随后他在省电力系统从事系统集成方面的工作，背井离乡参与创办工厂。由于两份工作都与自己的理想有较大差距，最终他决定自主创业——统计调查，市场研究。说到目前公司的发展，他介绍道，统计调研作为咨询行业，具有较大的发展潜力。特别是随着社会发展，政府的服务外包，未来的第三方服务监管将成为政府、社会的刚性需求。听完曾佑华的介绍，我们更进一步地了解了他企业的业务和清晰的公司发展方向，也对他心生敬佩，同时记者们也不禁表现出了对未来就业问题的迷茫。当面对记者们提及的对毕业生的就业建议时，曾佑华意味深长地说出了八个字：勤恳做事，踏实做人。关于进入社会就业做事的态度，他还补充说："在校的大学生更需要关注时事，拓宽视野，善于发现问题、分析问题和解决问题，这个对以后的就业创业都很有帮助。"

精彩对话

问：真挚的情感往往是我们大学生活中的重要元素，大学里您获得的最珍贵的情谊是什么呢？

答：最让我珍惜的就是舍友之间的感情，当时我们住在 11 楼 514 号宿舍，宿舍生活很团结，我们毕业之后还一直保持联系和聚会，友谊深厚。

问：您认为在校生应该培养什么样的能力来做好准备迎接社会对我们的筛选呢？

答：首先我觉得心态是至关重要的，摆正心态，以一个谦逊的态度去从事你的第一份职业，以一个积极的心态去找好自己的位置；最重要的是无论你面对什么样的工作，你都需要认真踏实地去完成。就如同一句老话：勤勤恳恳做事，踏踏实实做人。

问：您毕业多年，母校发生了很大的改变，如今母校建立了多个省的校友会，加强了校友和母校之间的联系，您是怎样评价校友会这个平台呢？还有最后您最想向母校传达怎样的祝福？

答：校友会这个交流平台办得很好，加强了校友之间的经验和感情交流，加强了校友和母校的联系，是一个很好的纽带，希望学校校友会越办越好。对于母校，有很多感激之情溢于言表。

笔者手记

在此次采访过程中，曾佑华和蔼、善谈和热情的形象给记者们留下了很深的印象，他对待工作认真、踏实，为人真诚，是大家学习的榜样，通过他的工作和生活经历，也教会了同学们应该以一个乐观积极的态度去面对学习和生活。非常感谢曾佑华的经验分享，同时也祝愿他在事业和生活上顺心愉快。

慢慢来，谁不是翻山越岭地征战

1995 级工商管理专业校友 孙志民

人物特写

孙志民，北京物资学院 1995 级工商管理专业校友，现任深圳易达恒通供应链管理有限公司总经理、安比快科技（深圳）有限公司创始人。毕业多年，孙志民始终坚持学习，他坚持沉下心去、实实在在地学习新的东西，做一个时刻进步的人。

凡心之属皆从心

大学毕业后，孙志民先后服务于杭锅集团、联想集团和宝能集团。在杭锅集团，他用了不到半年时间就熟悉全部业务，因不满足于按部就班的工作状态而选择离开；之后进入联想集团，被派到改革开放的前沿——深圳，开始接触供应链业务；后来又机缘巧合来到宝能集团负责物流地产项目，2008 年经济形势不好，房地产遭受波及。2009 年底孙志民毅然转而创业，经过十多年发展，公司已经成为一家具有一定规模的有技术的专业物流与供应链管理服务公司。如果非要问是什么因素促成了这次创业，那么一定是那颗不安分守己的成长冲动。

有人问孙志民："这么好的工作，每一次离开你没有犹豫过吗？"孙志民说："随着不断地成长，视野越来越宽，思想越来越深，理想也越来越大，我只是遵从内心，选择我跃跃欲试想要去干的事情。"理想是生活的欲望，有理想就要去实现。人总是从一个阶段成长到另一个阶段，明确阶段性的目标，给自己做一个阶段性的规划，这样的前进才会更有动力。

别慌，这是在积少成多

成功从来都不是自然而然的。孙志民的大学经历无不透露着丰富多彩的学习历程，他大学时期品学兼优，自大二开始任团支部书记，泡图书馆，利用课外时间兼职打工，学习炒股，1998 年自己赚钱买了一部 BP 机，在那个时代，BP 机是同龄人追求的时尚。多年后，当他再次回忆起大学时光时，依然难忘那段充实的时光。大学阶段适度的社会活动是学生向社会人的角色切换的中转站，我们终究要成长为负责任的、有担当的成年人，多扮演生活中不同的角色，多尝试新鲜的事情来适应社会的阶段性成长是大学生必不可少的实践经历。提前扮演社会角色其实是学会两件事：一是做事，二是做人。只要你别慌，别自乱阵脚，踏踏实实，总有时机是为你准备的。试着接纳、学会尝试，慢慢地自然会积少成多。

"学习是必须的，学习是证明个人存在的价值，也是升值个人的筹码。"孙志民讲了这样的故事，"大学里有一门课程是机械制图，这门课既是立体又是三维画图，当时感觉是特别枯燥无趣的课程，但是恰恰是这门课程成为我第一份工作的基础课程，它让我看懂了电站锅炉的结构和图纸，也恰恰就是依靠这门课程的知识才让我在最初的工作中得心应手。"学习在成长的路上显得尤为重要，因为人要不断进步，唯有不断学习才能使人进步，所以无论什么时候，都要沉下心去、实实在在地学习新的东西，做一个时刻进步的人。

凡人都是长途跋涉而来

有人说，每个人现在的气质里藏着你走过的路、读过的书和接触过的人。这一路的长途跋涉早就把你打造成一个棱角分明的人，那就是现在的你。在大多数人眼中，生意人一定是精明狡猾的"老油条"，但孙志民告诉我们，真诚才是这一路跋涉的"通关令牌"，勇敢、担当、诚信才是建立长久合作关系的必要品质，无论是做人还是做事，盲从总会把你打回原形。

工作之余，孙志民酷爱爬山，这大概是最容易让身体和意志在长途跋涉中吃苦耐劳的一种方式。一个勇于攀登的人不会畏惧眼前的艰难和险阻，一个想要攀登到顶峰的人不会为半山腰的美景所引诱，从山脚到山顶，有太多诱惑和困难要去克服，于是，一个平凡的人在一心所向的长途跋涉中逐渐变得不再平凡。困难会有，恐惧也会有，但是为了梦想咬紧牙关，一辈子干成一件让自己自豪一生的事情。但凡你逃避掉的事情，它还会再来，生活就是这样，它会一次次地让你去做这个功课，直到你学会为止。

我们所有的力量，是耐心与时间的结合。所谓强者就是既有意志，又能等待时机的人。而生活之美，或许就在于我们追逐它的这一路跋涉。做人要做有心人，别人的付出我们永远不知道，唯有自己用心做事，才有资格不在将来后悔。

人们总说路走着走着就直了，然而这路有多长、有多坎坷，只有走过的人才知道。而这走过的人用他的故事告诉我们，慢慢来，生活本就是一场翻山越岭的征途。

悟以致远　砥砺前行

1995 级国际经济与贸易专业校友　金光

人物特写

　　金光，北京物资学院 1995 级国际贸易专业校友，上海悟远智能科技有限公司执行董事，中国计算机用户协会机房规划设计认证工程师。悟远智能的前身为上海力创科技有限公司智能系统集成事业部，始创于 2003 年，自 2015 年 9 月起独立运行，面向各行业用户，专注于 IT 基础设施架构整体及智能化解决方案。业务范围涵盖 IT 信息系统集成，建筑智能化专业设计、实施、运维，IT 机房设备代理，网络安全准入系统，动态人脸识别应用，RFID 射频无线定位，智能物联网接入及实施，无人机反制等诸多领域。

不平就业路

初见金光是八年前在他公司的楼顶平台中，这是一个种满各种植物的空中花园，我们志愿者团围坐在茶桌边，一起畅快地交流。因为担心我们紧张和拘谨，在交流的全程中他用幽默营造了一个轻松诙谐的交流氛围，他的幽默和细心感染了我们每一个人，使我们很快进入采访的状态中。经过简短介绍他很快就记住了每一位采访人员的名字，在后面几个小时的交流中亲昵地称呼大家，仅这一点就让我们十分惊讶又倍感亲切。

话题很自然地从就业聊起，没想到的是让我们感觉非常优秀的他，在刚毕业时也遇到了就业难的问题。金光 1999 年毕业于国际贸易专业，时值东南亚经济危机的次年，各种连锁反应逐步蔓延，金融外贸行业低迷，就业环境不好。因为就读在北京，没有沪企的校招，便错过了上海的应届毕业生招聘会，在那个网络不发达的年代，除了招聘会基本上没有其他的就业（择业）渠道。他做了一件事，拿着招聘会资料中的单位清单，自己筛选后一家家上门毛遂自荐，每天几家，无论是遭遇冷遇、挫折还是惊喜，晚上回来后都进行记录和汇总，做成了一本求职手札。此后他先后在平安保险、外贸公司和 IT 企业就职，虽然行业跨度很大，但还都取得了不错的成绩。现在回顾，当时在各种挫折和逆境面前自强不息的经历，保持一颗平常心，对他后来的成长和发展起到了重要的作用。他淡淡地总结说，从个人成长角度来讲，年轻时多经历些挫折和坎坷其实是有益的，太过顺利反而未必是好事。

丰富大学生活

提到大学生活，金光的话匣子更加敞开了，用他的话说是非常充实。不管是各种文娱活动还是体育比赛，他都积极参加。当时的科技并没有现在发达，电脑手机等在当时都是很稀罕的物品，但这并不影响年轻人丰富自己的大学生活。他曾任班级团支部宣传委员，系学生会体育部干事，后作为经济系团总支副书记，积极参与院系的学生活动和党员工作。他参与系刊《太阳风》的编辑工作，分别以选手和辅导老师的身份参加过两次交谊舞大赛并都有所斩获。

体育方面，金光戏言自己"就差学校搞个十项全能，我去拿个名次了"。大学期间，校运会、足篮排等各种体育比赛都有他的身影。金光最喜欢也最遗憾的体育活动应该就是足球了，当时甲 A 联赛运行头几年，市场刚刚开始火热，国家队男足战绩跌宕起伏，女足铿锵玫瑰刚刚绽放，直接带动了大学生中的热血球迷。当时班里男生虽多但足球人口太少，没有一支属于自己班级的足球队，他只能作为内援参加（混进）其他班、系的球队，这也让他遗憾不已，"虽然我很受欢迎（笑声）——性价比高"。当时的金光特别喜欢校队那套橘黄色又漂亮又有派的队服，可惜没机会穿上。工作后，金光依然对足球充满了热情，上次校庆来京时又去绿茵场驰骋，参加"校庆30年足球友谊赛"，并在赛后将纪念版的队服收藏了三套，以此作为对自己大学生活和母校感情的纪念之一。

对于四年的大学生活，金光有非常多的感悟。他认为在大学里，学会处理人际关系很重要，因为大学校园是从家庭、学校到社会的重要转型期，是知识沉淀、技能掌握、为人处世、学悟结合的重要融合期。学是指常规的知识技能，更重要的是悟，在校园生活中，去体会和领悟如何与不同的人相处，才能在未来复杂的社会环境中处理好各种人际关系。金光讲述了当年身边几个同学包括自己也都遇到的一些问题，有些人在团委或学生会里工作很优秀，但与本班同学关系并不融洽乃至产生矛盾，这在当时还是一个很常见的现象。对于多数涉世未深的大学生来说，要处理好确实挺难，但依然有不少同学能处理好，这就是悟性和能力的体现。作为一个优秀的学生干部或者未来社团、企业的优秀领导者，必须要有足够的悟性和情商去处理去协调这些相应的人际关系，无论是生活还是工作中，都必须要把握好这样一个度。

对母校的建议

金光建议如果有可能的话，学校可以考虑建立一个学生与社会之间的交流"平台"，这个平台面可以非常广，形式也可以非常多样。无论是调研、实习、项目参与、公益活动、各地校友会活动等都可以，目的就是让在校生能提早了解社会、了解职场，有更多的感性认识和体验收获，在这一过程中可以更早地得到历练，也就能更好地适应将来的社会，少走弯路！这对学生未来的职业发展具有很好的推动作用，帮助学生快速实现从在校生到社会人的角色转换。

当今校园中有不少大学生是以一种半游离社会的状态度过的，这就导致他们毕业后要花很长时间才能找到感觉，进入状态。希望学校能为学生多些付出，结合社会和往届校友，为企业和在校生之间搭建一座桥梁、一个平台，让学生有机会提早地去了解职场，适应社会。希望在校生自己也要调整好心态，要在观察中学习，在学习中领悟，哪怕是相对简单枯燥的工作，只要勤学善悟，也能从中受益。

对于职业规划，金光觉得有几点要对在校生讲。第一，切忌盲目规划，尤其不能好高骛远。在校期间如果没有实习或接触过企业，很容易陷入华而不实的美丽幻想中。第二，角色的快速转换，完成学生到职场人的转变，迅速适应环境。这不仅是口头上说说或者自己想当然地认为就行了，在实际中，所有考虑问题的出发点和自己的生活习惯都要改变，这些是要花些时间的。第三，勤学多问善悟，多做延伸思考。珍惜和充分利用在平台中的各种实习机会，对参与的每件具体的事情，多做多问多领悟，尽可能多想一步，前道和后道可能面临的问题如何解决，同时虚心请教，争取在做某一件具体事情时，能尽量多地提升自己。第四，合理规划，坚定实施。在对于自身和想要从事的行业有一定了解和调研的基础上，再进行个人职业规划，这样更切合实际。确定了就要努力朝这个方向去做，坚定和坚持很重要。

精彩对话

问：你大学期间最爱的体育项目是什么？

答：当然是足球了，我们那时电脑和网络没有普及，不可能像现在学生一样宅在寝室里上网玩游戏。我个人比较喜欢踢足球，当时我们班踢足球的男生并不多，凑不成队，只能跟其他班、系混着踢。记得当年的校队分组训练时，主力披的绿色的马甲，就跟你们志愿者的衣服差不多啊，所以我一看到你们就觉得特别亲切。

问：大学期间，有没有在外面干过特别有趣的事？

答：有很多吧。想起第一次去听摇滚演唱会的经历，那是在二外，各高校来了好多人。当时的场面给了我太大的震撼——全场所有人情绪都被调动起来。我身边有两位平时很内向的同学，一开始还有点拘束羞涩，后来就不知不觉被感染，无论认识与否，我们跟身边人一起都高举和挥动着双手，呐喊、欢呼、高唱，融入那一片高亢欢愉的气氛中，各种压力瞬间被释放了，忘记烦恼，忘记忧伤。现在回想，大学校园生活是快乐和短暂的，趁着年轻精力旺盛，学习能力强，更应该多去校外参加各种活动，很可能会从中获得感悟和收获，有些时候的不经意间，就可能会对你未来的人生产生正面的影响。

问：作为一名经理，您在招聘大学生时会注意哪些方面？

答：首先，企业肯定是希望招聘适合自己的员工。大学毕业生就像一张白纸，可塑性很强，但同时也充满着不确定性。我们现在招人最看重的是责任心，能力可以在锻炼中逐步提高。这也是行业特点和企业文化所决定的。其次，专业水平和从事专业的决心，跨界不是问题，世上无难事，只要肯钻研。最后，人际关系处理，包括素质和修养。在面试的沟通中，谈吐、微表情、临场反应、机智对答等，都可能成为加分项或失之交臂的原因。

笔者手记

采访金光校友全程都在一个非常轻松诙谐的氛围中，不知不觉间几个小时过去，回忆起母校生活时，他欢快的语调让人能够感受到当时大学生活的快乐；而面对工作，他则保持着严谨踏实的态度去认真对待，那份属于领导者的风范让人肃然起敬。多年来积极向上的良好心态和勤奋踏实的工作作风，让他的生活和工作有了更好的发展。

多开一扇门　打开一片天

1995 级信息管理系校友　孙埕

人物特写

　　孙埕，我校 1995 级信息管理系校友，北京柏丽互赢科技有限公司总经理，曾任北京彩虹天下科技有限公司 CEO，烽火台商业社区创始人。

学习机会多 发展道路宽

　　2018 年、2019 年，我校的校友企业家课堂，有一位始终面带阳光微笑的校友企业家，他是 1995 级信息管理系的孙埕。他为同学带来了全球主流的新媒体营销工具的分享讲座，受到广大学生的热烈欢迎。

　　回忆起大学时光，他表示他当年刚进入物资学院学习时，互联网还没有这么发达，学生们社会实践课程的教学资源相对匮乏。学生们只能在学校自己学，除了上课和看书以外，没有办法接触到更多的知识，更不会有像现在这样的"校友企业家课堂"，可以请社会业界富有社会实践经验的校友或专家来学校开设讲座。所以，他真诚地对同学们说，一定要珍惜现在学校的教学条件和教学资源，充分利用一切机会，抓紧实践学习和充实自己。未来出色的你，肯定会感谢现在拼命学习的自己。

他寄语信息管理专业的学弟学妹们，"信息技术"和"信息管理"是贯穿整个大学时代重要的词汇，同学们要充分利用发达的互联网知识和信息化技术手段，多接触外面的世界，多历练和提高自己的能力。多学习、善于学习、掌握方法，对同学们来说，可以积累更多经验，少走弯路。说到这里，他还联系了授课主题"信息全球化"，他说道："现在的同学，人人都有一部手机，处处可以联网，自主探索和学习机会非常多，同学们要利用这些有利资源，充实自己，提高自己的专业能力，为以后更加宽广的发展道路打下良好的基础。"

校友寄语

孙埜也表示，现在的数字信息全球化为同学们的学习带来便利的同时，也带来了很多的干扰。比如，在信息大爆炸时代，学生没有形成自己对有用信息的识别能力，导致很多机会被白白浪费。当你的大学生活被一部手机，被一个电子设备禁锢在虚拟世界里，被关在一个小屋子里与世隔绝，渐渐地你就会与外界失去联系，你将失去亲身体会大学四年美好多彩生活的机会。20 多年前是没有智能手机的年代，大学生活虽没有那么多资源和机会，但是同学们那时非常积极地投入到学生社团、社会实践等活动中，增长了才干，感悟着成长，锻炼了沟通交流，提高了社会实践能力。比如，学生会的工作，在机房当志愿者，去当家教，做兼职发传单，自己尝试考研等，这些大学体验在大学结束后，对于个人来说，都成为宝贵财富和经验，为日后自己敢闯敢拼、勇于尝试、把握机会做好了准备，为自己未来两次创业奠定了潜在的精神动力和基础。

为自己多开一扇门

当问到当代大学生需要在大学四年学习生活中具备哪些资质，他站在过来人和企业家两个角度给了大家一些建议。他首先提到的是，大学生应该在大学四年生活中，思考一下自己在大学里的意义是什么，为什么要念大学，自己想要的到底是什么，做到每日三省吾身。其次，不管你做什么都要挖掘其中的价值，努力向上看。你会发现，条条大路通罗马，因为全球化联系起了事物的方方面面。再次，英语必须要重视。四、六级是必备的基础，只有英语好了，才能获得外界更多的机遇。他建议大学生应该尽早行动起来，其实大学的学业不需要占用你全部四年的时间，作为大学生需要尽可能为自己打开一扇门，勇于尝试且不怕失败。最后，要端正态度。大学生的专业性，态度很重要，要有足够的危机感，危机促使自己变得更好。

生活其实是一个很大的迷宫，里面有很多扇上锁的门，我们每走一步都要推开一扇门。当你推开了全部的门，出口怎么走都能到达，所以，多推开一扇门，打开一片新天地，阳光大道就在前方。

不拘一格 全面发展成就多彩人生

1995 级经济学校友 吕芳

人物特写

　　吕芳，籍贯安徽，北京物资学院 1995 级经济学专业校友，现任中国可再生能源学会光伏专委会秘书长，中国科学院电工研究所可再生能源发电系统研究部高级工程师。她是一个集女科学家、行业领导者符号、多才多艺和侠义担当于一体的传奇徽州女子，从物院毕业后成功跨界成才的女校友。2019 年成为国家科技部十三五国家重点研发计划"可再生能源和氢能技术重点专项"晶硅光伏组件的回收处理成套技术和装备项目负责人和首席科学家，在《中国能源报》"2019 年中国辉煌 70 年清洁能源发展盛典"中荣获"新锐女性人物奖"。2020年，中国绿色供应链联盟光伏专委会（ECOPV）秘书长吕芳荣获"全球清洁能源 C3E 女性赋权大使"称号。

回忆旧时光 满是欢声笑语

在位于海淀区中关村中国科学院电工研究院的办公室里，吕芳热情洋溢地接待了校友办一行人的来访。她对母校校友办的来访感到非常高兴。她在谈起大学生活时，竟能如数家珍般地说起大学期间发生的很多美好往事和快乐回忆，不论是上课趣事，还是大学生活，办公室里自始至终充满了爽朗欢快的笑声和愉悦的互动交流。

吕芳出生在徽商世家，而她的母亲又是安徽当地物资局的工作人员，她从小就在物资局的院子里长大，从童年开始吕芳就与"物资"结下了不解之缘，后来在报考大学的时候，吕芳在母亲的支持下报考了北京物资学院。最终吕芳没有辜负母亲的期望，顺利考取了北京物资学院，并在物院开始了四年的大学学习和生活。

在物院求学期间，吕芳曾担任过团干部，在大学期间就锻炼了善于组织活动和协调各种事务的能力，经常乐于助人，人缘颇好。吕芳说："其实现在还是挺感激当年当过团干部的经历，正因为在大学历练过，所以后来工作时处理事情如鱼得水，现在想想其实就是以前为自己的现在打下了好的基础。"大学期间任何一种历练都有可能为日后职业生涯提供帮助。

吕芳非常怀念在母校的大学生活，她说："大学是人生中最美好的一段青春时光，母校物资学院给了我很多的温暖和美好回忆。"吕芳回忆，大学期间她的朋友很多，学习成绩优秀，每年都可以通过自己的努力拿到奖学金。

坚持二十载 成就多彩人生

1999 年春天吕芳面临毕业，但是和其他只是跨专业不跨系的人不同，吕芳直接做了一个和原来学的专业毫不相干的工作，她并没有选择去金融行业工作，而是直接来到了中科院电工办公所，开始了她"不务正业"全面发展的 20 年奋斗历程。

"我学文出身，物理其实是我的短板，在高中时也只是勉强通过，但是来到这里工作，我必须要努力学习，不然怎么在这行做出成绩呢！"听着吕芳讲述着当年的事，真的可以感受到她是一个在学习和工作上很努力上进、自我要求高的人。她在工作初期不仅要自学电气工程，还要经常远去云南和西藏地区参与实践项目，认真刻苦地参与每项工作。在研究所里，她是少有的女孩子，但是在边远地区电站安装、现场运维的队伍里总会有她的身影，在研究所里认真搞科研的人群中也绝对少不了她，吕芳真的是用行动在诠释什么是科研精神，什么是使命担当，什么是不忘初心、牢记使命。

光伏发电这种研究可再生能源的行业，如果不被推广，没有多少人能认识到它的价值。2013年吕芳在搞研究的同时又开始为光伏做起了行业推广，从那时开始，吕芳走出了研究所的一角，她在国家学会行业组织的平台上，看到了有关于光伏产业和市场的整个领域，在开阔眼界的同时，吕芳也正式转向了产学研合作的多项领域，从最开始的研究人员变为多面手，从少言寡语的实验室迈向了新的征程，因此吕芳锻炼了自己的主持能力、交流沟通能力、合作拓展能力，并成功地主持了多场光伏业内重大会议，走向世界舞台。在过去的20年中，吕芳代表中国光伏在30个国家留下了"中国光伏好声音"的足迹。

现如今，中国在光伏研究领域走在了世界前列，未来更是会因为在可再生能源研发上的突破而给中国乃至世界带来诸多新的机遇，因此，国家、业界为吕芳颁了许多奖项以表彰她的功绩。不过吕芳所表现出来的更多是淡泊名利，视名利为身外之物，也正是如此，我们看到的吕芳是一个爽朗欢快、脸上常常挂着爽朗笑容的人，当我们接触到她时，也能感受到她的平静和温暖。

"我，是个外行"，这是吕芳的微信签名，也是她的座右铭。她经常这样告诫自己："身为光伏业者，眼光不能被禁锢住，如果局限于光伏行业内，视野就会越做越小，越做越窄，因此，一定要跨出去。"在20年的职业生涯中，她也如是践行，她说："做自己的外行，永无止境"。

多才多艺展现多彩人生 热心于慈善公益事业

吕芳是位名副其实的"才女"。多才多艺、多彩人生、多姿多彩写在了她的气质里。特别是在看到她的摄影作品、书法作品、篆刻作品、舞蹈相片之后，更加能感受到吕芳的才华横溢，感受到她多面精彩人生。

吕芳十分热爱中华传统文化，喜欢钻研国学精华，饱读诗书、热爱国学。喜欢钻研书法的她写得一手漂亮的毛笔字；精于篆刻的她日增月益，出了一本篆刻集；又是摄影师的她，已经有了自己的行摄日记"半脸走世界"。不单单如此，光伏研究出色的她，做起宣传来也是毫不逊色，光伏事业仅靠研究不行，还必须推广，而吕芳就是打开光伏与普通大众之间那扇门的人。说到这部分，吕芳校友还调侃道："我一直对大家解释，我真的不是干主持的。"本来只是因为工作需要，没想到现在反而锻炼成在光伏领域的"金牌主持人"了，虽然被人叫作"不务正业"，但从侧面看得出来，吕芳每干一件事都有努力做到最好的决心，这也是她能成功的一个重要原因。

吕芳不仅多才多艺，还热心于做慈善公益事业。她是发起光伏行业公益项目的"太阳能公益人"。2014 年"太阳赤子·走进阿里"，成功对西藏阿里巴嘎乡冈底斯藏医院援助医疗设备、条件改善及进行援助调试；2015 年尼泊尔"震后重建"，成功对尼泊尔地震灾区本迪普尔学校教学设施和村民太阳能照明进行现场援助，支持公益教学；2016 年"光伏水井"，在虫癌泛滥的太阳能部落四川甘孜石渠县，成功地改善了饮水问题，从源头净水，为灾区打造阳光水井；2017 年"一平方米有爱"，走到云南、四川让留守儿童光伏科普讲座走进千家万户……吕芳做过的公益数不胜数。可以看出吕芳校友是一个对社会有责任感、对生活十分热爱的人。光阴 20 年，沉淀了许多荏苒，短短几句，不过是吕芳多彩人生的冰山一角。

校友寄语

在交谈中，吕芳表示，光伏行业作为一个潜力十足、富有朝气的行业，未来一定会有很多机遇，也有很大的发挥空间，希望有更多的学弟学妹来了解这个行业，她也十分愿意给有意向的学弟学妹们提供经验与实践平台，给予他们帮助。另外，结合吕芳的自身经历，我们不难看出努力和坚持对一个人的成功有多么重要，因此，吕芳也希望物院的学弟学妹们能在大学四年里努力为自己的梦想而努力拼搏，不断奋斗，不要荒废了时光，蹉跎了岁月，一定要努力成为自己想要的样子。

精彩对话

问：在母校求学期间令你最难忘的趣事是什么？

答：我最难忘的有意思的事情是上课点名，那时候偶尔身体不适没去上课时，因为平时朋友特别多，老师点名叫到"吕芳"时，教室四处此起彼伏地会响起好几个"到""到"的声音。真的很怀念大学同学和朋友，大学时光、同窗之情那么纯真和美好，回忆起来时还是那么难忘。

问：您为什么走上了光伏研究的道路呢？与您学的专业跨界不少。

答：当时毕业并不想随大流到银行工作，正好中科院电工办公所招人，我就来了，然后就开始适应这边的工作。其实我很感谢这里的导师，从我刚进这里工作直到后来，他们真的教会了我很多，我也非常庆幸自己来到了光伏研究所，因为在这里自己的人生才变得丰富多彩。

珍惜时光　提升自己　把握机遇

1995 级贸易经济校友　史晓丽

人物特写

史晓丽，北京物资学院 1995 级贸易经济专业校友，现任北京宝兰德软件股份有限公司副总经理。

往昔大学时光

回忆大学青春时光，史晓丽校友露出灿烂阳光的笑容，感慨无限美好回忆。在那个白衣飘飘的年代，物院大学四年时光留下很多珍贵的记忆，感谢老师、感恩母校，在这里不仅学到了专业知识，还收获了友谊，锻炼了能力，明确了梦想，让自己一步步坚定地做自己。刚进入物院大一时，一切都是新鲜的、美好的和让人充满好奇的。怀揣着青春少女梦想，也有过困惑迷茫，一路走来，不断地摸索，向可敬可爱的老师和身边优秀的同学学习和取经，在课堂上、社团活动、社会实践中慢慢感悟、体会、成长和提高，慢慢地蜕变成那个想成为的自己。

在物院学习期间，令史晓丽印象最深刻的就是学校所开设的物流、经济这些专业，进物院之前对这些知识是没有概念的，通过学习建立了一定的理论基础，形成了自己的知识体系和框架。史晓丽回忆，当年印象最深的是崔介何老师讲授的物流课程，特别系统、全面，听后很有收获，也让她对物流行业有了进一步的认识和理解。史晓丽还特意提醒学弟学妹们在平时学习过程中，一定要专心听老师讲课，任何一门课程的安排都有它的用处，只有认真去学，才能学到不同的知识，才能学有所得。

职业发展

1999 年史晓丽从北京物资学院毕业以后，先后在银海科技集团、长天科技集团、美国 Borland 公司北京代表处做销售和管理等工作，2008 年 3 月和其他几位股东一起创立了北京宝兰德软件股份有限公司，从研发、销售到售后服务，她一路走来一路歌，不断突破创新，敢为人先，勇于挑战，开拓创新，追求卓越，慢慢在行业里崭露头角，2019 年 9 月 30 日宝兰德在科创板注册成功，成为行业内的佼佼者。

人生格言

史晓丽的人生格言是："机会总是留给有准备的人。"

无论在学校还是毕业以后走上工作岗位，都要不断地学习各种技能，全方位提高自己的能力。专业知识能解决基本的工作问题，交际能力和特长的展现会带你上升到新的高度。

不做，不会怎样；做了，会很不一样。

准备好了，自然水到渠成。

校友企业家课堂

"校友企业家课堂"是一个非常好的平台，通过这个窗口能让在校生更直观地看到外面的世界，吸取过来人的工作经验，提前对职场有所认知。史晓丽回忆当年上学的时候接触的大多是理论知识，对职场、社会和实践应用了解非常少，难免有些迷茫。"校友企业家课堂"这个平台像架起一座桥梁，很好地将在校学生与企业家联系在一起。史晓丽表示很高兴能把多年的实战经验、商务技能、社会实践体会分享给学弟学妹们，希望为同学们带来一些启发和帮助。

史晓丽在母校"校友企业家课堂"授课

校友寄语

史晓丽表示，希望同学们珍惜在校就读的大好时光。除了努力学习专业知识以外，还要多学习其他技能，锻炼好身体，做好职业规划。与其他同类院校相比，物院为我们提供的资源、环境、专业都是非常好的，不要身在福中不知福，浪费宝贵时间。希望学弟学妹们珍惜大学四年美好时光，为今后的人生充电，以后才能跑得更远、更快、更稳。

精彩问答

问：您认为大学生毕业实习是选择大公司比较好还是小企业比较好？

答：我认为大学生毕业实习无疑是首选大公司。大公司经营规范，管理先进，有完善的企业文化、规章制度、培训机制以及升迁计划，工作风格和业务结构也相对成熟，任何事情从具体细节到大方向，都是系统化呈现和执行操作，对于刚毕业的学生来讲，利于养成好的职业习惯和素养。

问：您对就业后频频跳槽的看法是什么？

答：我个人不赞同盲目跳槽。我认为学生的第一份工作（包括实习的工作）非常重要，一定要慎重选择，一旦选定就坚持把它做好，只有当优势特别明显的下一份工作机会出现的时候才考虑跳槽。我们刚毕业的时候可能并不是特别清楚自己真正感兴趣的职业是什么，但是可以在工作生活中慢慢地发现自我，了解自我。当我们找到自己的兴趣点的时候再勇敢地去追逐自己喜欢的工作，兴趣永远是最好的导师。

问：结合您的经历，您认为在校生需要培养锻炼什么样的能力才能更好地去适应社会生活和工作？请您提一些宝贵的建议。

答：在校生在学习理论知识的同时，还要注重实践。学生不能仅仅囿于课本知识，也需要在课余时间多做一些社会实践去积累经验，做到学习工作两不误，这样更能提高自己的个人能力。除了学习能力以及实践能力的培养外，交际能力、语言表达、气质形象提升以及身体素质的锻炼也都是很重要的。特别是工作以后，面对工作竞争和生活压力的时候，一个好的身体就显得尤为重要。

后记

史晓丽是一个气质优雅、随和、亲切的人，交谈采访过程十分愉快，我们感受到史晓丽内心拼搏、乐观、积极向上的心态。通过对史晓丽的这次采访，我们更加明白了"有所学，有所成，有所爱"的深刻含义，也就是要根据自己的个人兴趣、能力结构和社会需求选择自己的专业或行业，然后在某一领域形成自己的独到见解，成就更好的自己。

永怀赤子之心　真诚成就梦想

1997 级信息管理与信息系统校友　张永刚

人物特写

张永刚，1997 级信息管理与信息系统专业校友，任北京数字科怡有限公司董事长兼总经理、校友企业北京梧远科技有限公司总经理。他曾多次重返北京物资学院，参加校友企业家课堂授课工作，积极支持母校产学研项目合作，组织协调校友会发展建设，疫情期间多次为母校捐赠医用物资，为母校和校友会发展做出卓越贡献。

长存母校情结　永怀赤子之心

虽然毕业近 20 年，张永刚多次返回母校，而每次返校他都会有不同的感触。学校育人环境不断完善，学生整体素质不断提高，学校发展和成就日新月异，这都让张永刚对母校发展和校友会发展满怀信心和期望。对于张永刚来说，北京物资学院就像他的另一个家，往日在这里的所有大学时光，不论是喜悦的还是悲伤的，随着岁月的推移，终究是慢慢沉淀，成为自己最美好的校园记忆。课堂上每一节课、与宿舍舍友的嬉笑打闹，即便踏出校门步入社会工作多年，这些回忆对他来说都是弥足珍贵的。张永刚对母校的爱是无私的、炽热的，每当母校有了倡议和需要，他都是第一批主动走向母校、提供各种帮助和服务、助力母校各项事业发展的校友。

疫情期间为母校捐赠防疫物资

2020年春，在疫情暴发、货源紧缺的情况下，张永刚校友两次向母校捐赠防疫物资，助力母校抗疫。张永刚两次共计捐赠医用口罩2500只、84消毒液60瓶、酒精30瓶、含氯免洗消毒液30箱、医用一次性手套10盒、护目镜2只、电子体温计10只。我校校友工作办公室主任余茜接受了他捐赠的医用物资，并分发给后勤等部门。这批医用物资为母校做好防疫防护安全工作提供了有效帮助。

校庆倒计时100天发布活动的发言和捐资

2020年7月10日，北京物资学院建校40周年倒计时100天之际，五湖四海物院人跨屏云聚，共同参加北京物资学院40周年校庆日倒计时100天线上线下发布活动。启动仪式上，张永刚作为校友代表致辞，回忆了在物院学习、生活的幸福时光，表达了对母校40周年校庆的热烈祝贺和对母校的热爱与感恩之情。张永刚不仅感怀母校培养之恩、校友浓厚之情，也为母校校庆送来了祝福。同时代表校友企业北京梧远科技有限公司为母校捐赠50万元，用于支持学校教育事业发展和校友文化建设。

校友企业家课堂

"校友企业家课堂"授课期间，张永刚非常珍惜这次为学弟学妹们现场授课、传授自己多年实践经验的机会，他提前很多天就做好了课件PPT，并精心备课，体现了他严谨务实的敬业精神和认真负责的做事态度。

张永刚给同学们分享了"档案资源管理平台掠影、档案数据资源建设服务外包探索"的讲座，本次分享从需求、应用场景、设计思路、市场规模、发展方向五个部分展开，让同学们对档案工作有了初步的了解。张永刚幽默风趣，讲课生动形象，课堂上能令同学们学到专业知识、陷入思考；又能频频妙语连珠、口吐莲花，让同学们捧腹大笑、寓教于乐。他的课堂，不仅有专业理论知识讲解，还能结合自己多年的社会实践经验和成长历程，理论结合案例，让同学们很好地融入场景，并调动大家的积极性和参与性，集思广益，频频互动，激发了同学们极大的学习兴趣，让同学们了解到专业知识的实用价值。

通过对年轮的认识，张永刚鼓励同学们要认清自己的目标，在每一个年龄段应该做什么，自己要有清晰的认识。对一个人来说，学习是很重要的，"学而不思则罔，思而不学则殆"，学习能让自己跟上时代的步伐，也能让我们更与众不同。

创业艰难路 浓浓公益情

提到创业，张永刚创业初衷很简单，很务实。他想给自己打造的团队找一个能吃饱穿暖的平台，也能给自己的孩子带来更多的物质和精神上的富足，拥有自己的小房子。他想按照自己的想法，按自己的思路去进行奖惩。从第一个客户、第一份合同、第一笔收入到第一部车、第一次年会，可以说张永刚创业的历程并不容易，或者说每一个创业人都不简单。

怀揣着坚定的信念，凭借着顽强的意志，他在创业过程中不断探索，摸爬滚打历练多年，慢慢地打造了自己的团队，抓住了客户，提升了企业的服务，将企业做大做强。对他来说，服务的本质是用一颗暖人的心去温暖别人，关心别人的人才能赢得别人的关心。因此，后来公司发展壮大后，他将公司发展与公益活动相结合，力争实现效益与公益相结合的成果最大化。他利用自己的业余时间多次参加公益事业，尽自己的一份力量去把正能量传递给他人，回馈社会和需要关爱的人，这着实令我们尊敬。

校友寄语：历经千帆 不忘初心

张永刚认为一个想要创业的人必须要忍得住孤独，挺得住痛苦，顶得住压力，抵挡得住诱惑，担得起重任，能够自制，保持乐观。这就跟孟子所言的"天将降大任于斯人也，必先苦其心志，劳其筋骨，饿其体肤，空乏其身，行拂乱其所为，所以动心忍性，曾益其所不能"有异曲同工之处。张永刚强调，其实不仅仅是创业，无论我们做任何事情，都应当有这种魄力和毅力。

最后，张永刚校友很感激学校提供的校友企业家课堂分享的机会，让校友之间、校友与母校之间、校友与在校生学弟学妹之间的联系更加紧密。同时也希望在校学弟学妹们要珍惜现在的大学生活，做到自律自强，努力为自己的目标奋斗。

后记

这次校友企业家课堂张永刚的讲座让同学们受益匪浅。作为校友，他无私地传授自己的知识，分享自己的成长经历，教导同学们社会实务经验，指引同学们做人做事的道理。无论现在还是将来，都要学会沉淀自己，不要让自己处于边缘地带，埋没了自己的才华，同时，对社会、对学校、对老师以及身边的每一个人，我们也要时刻怀着感恩的心。

持之以恒　锲而不舍

1997 级经济学校友　黄晓

人物特写

　　黄晓，江西丰城人，北京物资学院 1997 级经济学专业（辅修证券期货）校友，现于北京首创期货有限责任公司工作，任职董事、总经理。从业 19 年，黄晓在该公司勤奋耕耘、始终如一，从未改过行和跳过槽，不忘初心、牢记使命，锲而不舍、持之以恒、开拓创新。19 年来他在期货领域兢兢业业忘我工作、勤奋认真钻研业务、脚踏实地开拓奋斗。他历经研发、客户服务、客户开发等多个岗位，从普通职员到业务主管、部门经理直至成长为今天公司总经理，创造了业界诸多佳绩。

往昔大学时光

　　1997 年的初秋，黄晓和许多年轻人一样带着憧憬进入大学。他来到北京物资学院并在经济系主修贸易经济专业。每个人都会有一个迷茫的青春，初入大学时，黄晓也有过失落和迷惘，不知大学该如何度过。但不同的是，他很快就调整了自己的状态，觉得自己应该努力，虽然现在或许不知道努力的意义，但不努力就一定会被淘汰，正如那句老话，"你努力不一定成功，但你不努力一定不会成功"。大一、大二的黄晓认真学习专业课，课余时间通过读书来丰富自己，书籍内容涉及许多方面的专业和课外知识，他尝试在其中慢慢找到自己感兴趣并为之努力的方向。大三时学校开设了辅修课程，喜欢尝试新鲜事物的黄晓选择了证券期货专业作为自己的辅修专业，没想到这一决定竟改变了连他自己当时都意想不到的人生。在大学辅修的经历让黄晓收获颇多，主修和辅修两边的专业学业都不能耽误，需要不断刻苦认真学习，正是在校期间这份不忘初心、牢记使命的担当和奋斗，为他以后的人生开辟了另一条崭新道路，打开了另一扇窗，为后来就业和职业生涯发展打下了坚实的基础。

直至现在，黄晓都还会感慨："技多不压身，多学一些知识对自己未来的发展总是好的。作为一名大学生在大学期间一定要尽量多地学习各类知识，涉猎不同的专业。因为你今天的努力，对未来自己的成长会有很大的帮助，特别是在拓展自己的职业选择范围时，你会发现，懂得越多，你可以选择的道路就越多，你通向成功的道路也会越多。"

职业发展

黄晓在大学毕业后，也曾经犹豫过要不要考研，考虑过要不要去华为或尝试其他方向的工作，在经过一段时间的慎重思考后他还是选择了毕业就业。在人生的路口，无论怎么选都没有错，每个选择都有不同的发展机会，因为你永远不知道下一秒会发生什么。毕业后黄晓经同学的推荐，被校友师兄招聘进入了首创期货公司工作。首创期货公司是个充满包容的企业，也正是因为有这样良好的企业氛围，黄晓拥有了巨大的历练空间。在黄晓成长的每一个阶段，遇到的每一位领导都对他特别地爱护，并在工作上给予了他许多的指导和帮助。因为有良好的工作氛围和一群热心的同事，再加上自己积极进取的心以及一直勤奋努力地工作，黄晓在大家的激励中不断成长。

期货行业是一个充满风险和诱惑的行业，黄晓校友感慨这十几年的从业经历中也充满了不少的挫折和磨难，有些挫折甚至大到足够断送掉他的工作前程。好在有同事的帮助和家人的鼓励，使他直面挫折、克服磨难并顽强地走了过来。同时，这些经历也提醒着他，在做与期货专业有关的工作时一定要经受得住各种诱惑，不要轻易地去冒自己承担不了的风险，在遇到困境时，永远都不要丧失信心，坚持一下，总会有柳暗花明的一刻！信念或许都有，但难能可贵的是坚持，坚持贯彻一生！不忘初心、锲而不舍、持之以恒、铁杵成针，终将收获不一样的精彩人生。

校友有话说

期货行业是个高风险的行业，也是一个充满希望和巨大潜力的行业，随着我国金融市场开放步伐的日益加快，中国的期货行业必将迎来更广阔的发展空间。而要在这样一个行业从业和发展，首先要有扎实的专业功底，其次要充满激情，永不放弃！

校友寄语

大学时光是美好的，挥霍是一种浪费，一定要有不悔的青春。心存一念，心有所向。唯独畏惧茫茫然，唯独担心无上进。

大学时光是人生最珍贵和最难忘的时光，要好好珍惜，要认真学习并且要尽量多地拓展自己的视野，为自己今后从业打下一个扎实的基础。要尽量抓住和利用各种实践锻炼的机会，因为实践锻炼学来的东西，比纯理论学习更有效，体会也更深刻。将来的你，会感谢现在拼命的自己。

精彩问答

问：请您谈谈对就业后经常跳槽的看法。

答：我不是很赞同就业后盲目跳槽和频繁跳槽。任何一份工作，都需要一定的积累才能真正熟练掌握，也才能让自己真正分辨出到底适不适合自己。频繁跳槽不利于人脉和资源的积累，也会让单位认为你缺乏忠诚度，错失被重点培养的机会。只有当你所在的工作平台真的不适合你或者限制你的发展空间时，才可考虑选择更好的发展平台。机会往往不是给最聪明的人准备的，而是给那些充满耐心和定力、不计较短期得失的人准备的。

问：您对刚步入职场的毕业生学弟学妹有什么建议？

答：对于从刚步入职场的毕业生来说，大学学习的知识和工作中实际的需求还是有差别的。因此，进入职场，反而要更加努力地学习各种专业知识，并提高自己的实际操作能力，不要怕苦，更不能怕累，服从公司安排，尽量多尝试不同的岗位，以便让自己对所在的公司及所在的行业能够尽可能快地熟悉了解。不要把待遇放在第一位，而应把是否有利于自己发展和成长放在第一位。

后记

采访黄晓，他整齐的衣装、整洁的办公室、码放整齐的书柜、一尘不染的地板、郁郁葱葱的绿植，没有一处不显示着他在工作和生活中的细致和认真，无处不彰显他是个十分精明干练的人。黄晓校友的言语也是严谨且有条不紊的，他的逻辑思维十分清晰，谈吐非常自然儒雅，对于在工作时涉及的专业知识掌握得十分熟练，真的是内外兼修、严谨务实的人。黄晓有今天的成就和业界佳绩，离不开他在大学的勤勉付出和进入工作岗位的努力、坚持和毅力。大学四年的美好，道不尽也叙不完，逝水年华，依旧流水无情。紧握的命运，追逐的理想，需要不懈的努力。

享受当下　珍惜青春

1997 级会计系校友　母忠民

人物特写

母忠民，我校 1997 级会计专业校友，聚链供应链管理（上海）有限公司创始人。

回忆美好　爱我母校

母忠民说，入学至今也有 20 多年了，现在的学校和他入学那时候完全不一样。在 1997 年，出门仅有一条校园路，没有方便的交通工具，前后左右还都是田地、鱼塘，感觉很像郊区，进个城还要去通州区转车，没想到学校发展变化这么快，现在学校门口都已经开通地铁了，真是飞速发展、日新月异。学校发展得很快，校园的硬件水平与他那时相比更是质的飞跃。母忠民有机会受邀返回母校，要感谢学校举办的校友企业家讲堂，通过一天的接触，在老师和同学们身上，他感受到学校浓厚的学术氛围和教学相长的深刻内涵，学弟学妹们的广阔视野，强大的思维能力，都和他们那时大不一样了。可以看出，母校在越变越好，发展越来越快，他倍感荣耀。

母忠民说："我在这里度过了四年很美好的时光，希望母校发展得越来越好，越来越强。"

学以致用　知行合一

问及母忠民校友是否在学校所学能为他毕业后所应用，他的回答是肯定的。他说，单纯论知识的话，那个时候，尽管学科、教材和真正的市场实践结合得不是那么紧密，但是这个学习的过程非常重要，而在这四年里，更重要的是你在不断提高"如何学习"这项技能，你学习"如何学习，如何思考"的能力会有很大提升，这样你才真正地开始用自己的意识形态来审视这个世界。对于他个人来讲，学习的能力对日后的工作帮助非常大。

校友寄语

看到同学们很多都积极地去找兼职，母忠民认为在大学期间学习比实践更重要。

他认为，从客观角度说，实践的确很重要，但从他个人的观点，学习更重要。在大学学习的四年时光，会是一段非常快的过程，并且你以后没有这样的学习环境和学习资源了，你也再也不会拥有如此的青春与活力，时间和精力以及纯粹与梦想了。虽然实践是你不断探索世界的过程，是你积累社会生存能力的工具，但大学期间学习的生涯和求学的生活是不可替代的，在大学里学习"如何学习的方法和思维习惯"是你以后腾飞的基础。他相信"大学是象牙塔"的说法，大学就是一座留给青春的象牙塔，所以他寄语学弟学妹们，在校期间应该以学习学业为主，实践为辅。尊重自己的学习生活，认真体会你短暂的象牙塔时光。

评价当下　展望未来

母忠民工作经历是非常丰富的，他说，虽然一直都在做物流相关工作，但是也服务过民企、央企以及外企，一直到现在自己独立做，他在这一行业领域度过了自己的峥嵘岁月。

工作的定义对于他来讲特别简单，尤其在自己做企业之后，你会发现它是一个实现价值的过程。他现在最骄傲的是有40多个人在他的公司里努力奋斗，实现他们的职业理想。他们的背后，是40多个家庭的希望。他也为很多客户实现了他们的商品价值，能参与到客户的价值链中，这点对他来讲很重要。这和以前当职业经理人不大一样，他认为对职业生涯的看法也需要积淀，需要慢慢经历才能变得成熟。慢慢地从提高自己的职业技能到实现自己的社会价值，不同年龄会有不同的观点，这就是他对自己职业的看法。

说到未来，他说："我现在真实的感觉一直是战战兢兢，如履薄冰。我希望我的企业能够活下去，希望能够为更多的人提供更多的机会。希望我所有的同事每一年都比前一年过得更好。首先要保证企业先活下去再说，据工商管理局统计，90%新出生的企业会在第一年到第二年消失，只有10%会留下来。虽然我的公司经营了三五年，已经过了10%的阶段了，但活下去还是第一目标。"

大胆尝试　勇于实践

我们非常好奇，母忠民是什么时候想要自己创业的，他说："我当时其实没有什么创业的想法，也没有那么多创业的激情。那时候我职业经理人的道路遇到了瓶颈，第一个，年轻人成长很快，现在的大学生比我那时候厉害很多。他们有更加宽广的视野、更扎实的理论水平和满满的青春活力。第二个，我觉得凭借我的能力、我的专业背景以及我对职场的理解，我很难再进一步了，虽然当时职位也不低，但是那个时候会有一些其他的想法。你会发现，很多事情不是以你的意识为转移的。在公司里面实际上搞定你的内部客户和外部客户一样重要。既然有些东西不能以你的想法为转移，去尝试一个机会能实现你的想法岂不更好，就像我说的，勇于实践是一个需要贯穿始终的好习惯。"

亲情友情　创业支撑

在自己创业的道路上，母忠民最感恩的还有自己的亲朋好友。他谈道，所有创业者遇到最困难的事都是钱，如果你坚持走下去，遇到最大的困难永远是钱。

母忠民校友说道："我很幸运，家人朋友们都很支持我。但创业这件事没有那么美好，在创业的过程中你会不断地遇到困难，你会不断遇到态度的转变，你甚至会不断地怀疑和否定自己。这个时候家人和朋友的支持很重要。很幸运，我拥有这些强有力的支持。"

坚持不懈　精益求精

一个创业者最重要的素质是什么？

坚定。他说自己看过一幅漫画，描绘的意思大概是大家想到的创业路都是从 A 点直接到达更高的 B 点，但其实你创业的路是曲线的。你会怀疑你自己的梦想、能力、道路、团队、产品，创业路上你一定会经历这些，所以坚持和隐忍就变得很重要。最近看了一部电影《至暗时刻》，他觉得具有很大的现实意义，电影展现的是丘吉尔在二战期间处境最为艰难的一个月，整个英国内阁只有丘吉尔是坚持喊打的人，力主不降，并且坚持到最后打赢了这场战争。

我们所看到的是丘吉尔真的很伟大，他带领英国人民走出来了，但我们没看到的是丘吉尔经历的那段"至暗时刻"，法国投降了，曾经的日不落帝国，海军凋零了，空军被打得毫无还手之力，整个陆军又被围在了敦刻尔克，丘吉尔几乎没有胜算。母忠民说那个挣扎的过程和创业很像。没有"我一定能坚持到最后、一定能取得胜利"的想法，中间你会不断地怀疑自己，你也要不断面对所有的人包括你的团队给你的挑战，可能什么筹码都没有。创业能坚持到最后是一件非常不容易的事。其中丘吉尔对乔治六世国王说的一段台词，真实地揭示了他的脆弱："我怕得要死，在抗战问题上，我得不到战时内阁全体阁员的支持……我几乎没什么朋友，可以开诚布公地聊聊。"如果有人想创业，他建议去看一看那部电影，

精益求精的态度。无论你做职业经理人还是自己创业，如果你不是很聪明或者说具有领先于他人、领先于市场的创意与能力，那么你只能在精益求精上下功夫。

创业需谨慎

对于创业，母忠民有话要说，创业是一件很残酷的事情，大学生刚刚毕业，在专业领域，如果你没有那么聪明，没有强大的资源支撑，对于行业以及整个社会生产关系的组织没有一个完善的概念和印象，这个时候创业太难了。

虽然我们看了有很多辍学创业，最后获得成功的牛人，但是我们也要看到这些现实问题：第一，这些人是少数人；第二，社会经济大发展的环境变了；第三，你只看到了成功的例子，你起码应该注意到所谓的辍学生，也都有能力先考上了常春藤名校。你看不到的地方会有更多失败。所以母忠民真的不建议大学生毕业就创业，而是应该脚踏实地，沉浸在某个感兴趣的产业里工作或学习一段时间，然后真正想清楚你是否想创业，你是否有明确的创业方向，这个时候再做下一步的决定。

母忠民非常不赞成为了创业而创业，这也是现在大学生创业一个很严重的问题。大家都觉得打工没前途，这也未必。只不过在现在这样浮躁的社会，大家更多地看到了创业成功的光鲜。

在这里母忠民也劝学弟学妹们，如果有创业想法其实不用那么着急。现在

资本市场对于创业的看法也是这样，对资本市场来说创业就是"人"和"产品"，人是最重要的，所谓人就是指你和你的团队在行业中的经验和背景，作为一个大学生，你这块是没有的。那又如何在你的目标行业中立足呢？在不清楚市场需求的时候，你能拿出核心的产品吗？当你没有深入了解一个行业并具备竞争力产品的时候，创业的事需谨慎。

母忠民建议学弟学妹们现在不要想那么多，好好享受大学时光，这个是最重要的。因为大学时光在一生中只有一次，这和以后参加工作之后再有机会回学校深造也是完全不一样的。所以享受大学生活，享受青春岁月，到什么时候做什么事情：学，要踏踏实实，保持饥渴；玩，也要玩出个样子来。不要总想着毕业找个好工作，既然来到这个象牙塔，就要有忧国忧民的济世情怀，不负青春不负卿。

努力坚毅，走好自己的路

1997 级会计系校友 徐占成

人物特写

徐占成，北京物资学院 1997 级会计系校友。曾先后就职于北京中瑞岳华税务师事务所有限公司六部和北京中永恒会计师事务所有限公司，现任合普天成企业管理咨询公司总经理、物院首届校友企业家讲堂导师。

坚定前行 独立坚韧

回忆大学时光，对于大多数人来说可能并没有那么轰轰烈烈，甚至有一些平淡，处于"不知道自己不知道"和"知道自己不知道"的阶段，尤其是后者，往往是造成迷茫、困惑和郁闷的根源，同时这也是一个人慢慢长大并逐渐过渡到"知道自己知道"的阶段。因此，即使目前尚无那样明确的目标也不必焦虑，如徐占成说，其实上学的时候也没有什么明确的目标，只是希望自己学习一些知识，能让自己有立足之本，生活没有什么可迷茫的，只要努力就好。

谈到日常学习生活，徐占成回忆说："那个时候条件其实相对简单和艰苦，不像现在面临诸多诱惑，大家的学习目的更加纯粹，学习中其实没有什么有趣的事情，只是觉得学校那时候的学习气氛不错，大家都挺努力。遇到困难会通过自己的力量去努力解决，而非首先想去求助他人，行事更加独立和坚韧。那时候生活比较简单，虽然有很多困难但都会努力克服，同学也给了很大的帮助，我也非常感恩。"

坚持学习 努力当下

采访中徐占成强调努力学习的重要性，更是以"在困难中自我努力，感谢同学给予的帮助"作为对大学生活最为简短精辟的总结和评价。关于日后考研或是工作的选择，学长则建议如果能够继续学习就要坚持学习，终身学习是一生的课程。他再次强调希望学弟学妹们在学校期间好好学习，在学好专业课的基础上，锻炼好身体，为将来工作做好准备。

徐占成强调自我学习和主动学习的重要性。他认为成功人士的特质之一是都能不断通过实践学习，改进自己的行为，掌握技能并从中获得适应各种环境的能力。

时光荏苒 情谊永存

由于距离在校读书时间过去已久，很多人和事逐渐在记忆中模糊。徐先生表示上次回到学校还是去年，当时的直观感受是"学校变化太大，几乎不认识了"。这次回来依然觉得学校变化很大，现在的学生比他在校期间人数多了不少。但只是物在变，曾经一起经历过的人和感情却不会因此丢失。至今让他记忆犹新的是有一位叫张玉璞的教授，他知识渊博，教学严谨，给他留下了十分深刻的印象，老师严谨治学的精神像一盏明灯照亮了自己，使他终身受益。当年的同窗好友们所给予的帮助更是难以忘怀，即便随着年龄增长，如今同学们都处于上有老下有小的年龄段，处于事业的高峰期，聚会并不多，但情谊是永远都在的。

关于生活和工作，徐占成说："以前在校期间比较喜欢体育运动，喜欢足球，经常参加各种体育比赛，但现在其实爱好不多，周末在家里陪孩子，其他时间基本都是忙工作，生活和工作还是挺难平衡的。"其实对于很多人来说，这都是一个很棘手的问题，而每个人所需要做的，应该是根据自己的所欲所求进行取舍。

校友企业家课堂

徐占成心系母校，他是我校首届校友企业家导师，曾连续两年受校友办邀请参加母校的"校友企业家课堂"授课工作。盛夏时节，校园绿树成荫。徐占成为学弟学妹们分享了他多年社会实践经验的课程"电商运营管理与财务管理"。他为同学们讲述了电商运营管理的内部控制、业务运营、报表分析、业务分析等知识，并结合天猫、京东等电商平台案例，详细讲述风险规避方案与盈利能力分析，受到同学们的热烈欢迎和广泛好评。

徐占成校友具有多年会计师事务所和企业管理实务经验，运用他多年积累的案例和素材，生动地为学弟学妹们深入剖析了理论知识在社会实践中的应用与操作，讲解了实践领域的注意事项和技巧，非常具有应用实用价值，引发同学们极大的学习兴趣，频频互动的现场教学、生动有趣的实践案例为同学们树立了良好的学习方向和指引。

校友寄语

在徐占成"校友企业家课堂"海报上有一句话，校友寄语写道："工作辛苦不可怕，怕的是没有进步；旁人议论不可怕，怕的是不专业。"这句话亦可作为徐占成留给学弟学妹为人处世态度的参鉴。

脚踏实地　严谨务实行致远

2001 级工商管理校友　郭煜坡

人物特写

郭煜坡，福建泉州人，北京物资学院 2001 级工商管理专业校友，白手起家，有十余年创业经验，现任厦门市游你艇我文化传播有限公司执行董事兼总经理。

回忆大学时光

郭煜坡在大学时期就励志要做创业者，选择了工商管理专业。因为起初进入大学时他的性格比较内向，于是打算从一个"书呆子"开始转变自己，改变性格，所以他参加了很多社团，借此锻炼自己，这为他后来自己创业奠定了深厚的基础。大二、大三和很多同学一样，郭煜坡认真学习知识，锻炼身体，谈恋爱，大四开始为毕业准备，找工作。这看似平凡的经历，却带来意想不到的结果。

职业发展

从 2005 年到现在，郭煜坡毕业已经有 15 年了，创业十多年，现在的公司虽然没有达到自己心中预期的目标，但也逐步到了一个较好的阶段，并已经稳定下来，属于中小企业。他未来的目标是把公司做大，不断扩大客户群，争取把业务从三个省扩展到其他地区，扩大企业规模，也有在北京设立分部的打算。

校友企业家课堂

郭煜坡为学弟学妹们讲解了新媒体营销和创业，本次讲解的课程属于战略管理与创新创业模块课程。首先，在课堂上他用微信朋友圈的案例列举出三种不同的营销方式，还利用了自己碰到的现实生活中的案例和泰国广告进行分析。微信平台的问题与传统媒体大同小异，区别在互动门槛上，内容同质化严重，关注度下降。针对这些问题，郭煜坡为同学们以后在互联网新媒体创业方面提出了一些建议和思路，提醒大家少走一些弯路。

校友寄语

当今是知识爆炸的时代，时代发展变化很快，同学们要好好利用机会，新媒体是一个能够让人成功的渠道，要学会利用新媒体或者其他互联网工具。要不断学习，敢于试错，坚持下去，才能取得成功，最终找到属于适合自己的路。

精彩问答

问：您认为大学生锻炼什么样的能力才能更好地适应社会生活和工作？

答：首先，同学们要锻炼社交能力，也就是要提高情商，情商有时和智商一样重要。其次，要提高自己的逻辑能力，在做一件事情之前，要先想好计划，知道第一步怎么做，第二步怎么行动等。必须要说的是，在大学期间，大家都有很多时间以及试错的机会和成本，做任何事情，错了没有任何关系，因为你还有机会去做，代价不高。因此，不要害怕失败，不要自甘堕落、情绪失控。总之，同学们要培养自己的社交能力、逻辑能力，去思考去实践。

问：您为什么选择了现在所从事的行业呢？是根据您自己的兴趣还是其他因素？

　　答：首先，我刚上大学的时候就想过要创业，于是毕业后工作了两年，这期间换过工作，这丰富的经历让我找到了自己的方向，慢慢知道了自己的兴趣所在，就是新媒体行业。其次，新媒体行业从业门槛较低，利润空间大，成本低，相比其他行业，在这个互联网时代，新媒体行业还是比较容易获得成功的。

助人筑梦 成就梦想

2002 级人力资源校友 吴翠

人物特写

吴翠，北京物资学院 2002 级人力资源专业校友，方圆智库（北京）科技有限公司创始人、方圆教练学院院长、民族促进委员会心理分会理事、国家二级心理咨询师、ICF 国际认证教练、慧一实战教练平台导师、CCDM 职业规划师、国家高级人力资源管理师，为 500 强公司和国内知名企业提供组织发展和人才发展的专业服务，致力于"企业方向打造幸福卓越组织，个人方向塑造幸福美好人生"。曾是 500 强企业最年轻的人力资源总监，现在是非常专业的教练。

回忆大学时光

2002 年的夏天，吴翠校友收到了北京物资学院的录取通知书，无比激动的她不禁早早地开始憧憬自己的大学生活，会遇到不同的同学、朋友，结交志同道合的好友，参加自己感兴趣的活动等。初秋是个丰收的好季节，吴翠怀着激动的心情来到了北京物资学院，大一新生都有一个迷茫的阶段，但她很快就调整了状态，觉得自己应该打起精神来，努力学习，做自己喜欢的事情。专业课的学习是很重要的一部分，吴翠严格要求自己，做到上课认真听讲，课后及时完成作业，不懂就问，成绩名列前茅。学习之余，她还担任了人力资源协会的会长，积极参与学校组织的各项活动，令其记忆犹新的是一次团体合唱比赛，通过集体的努力，吴翠带领的团队荣获了七项活动的三个第一名，这让她第一次充分认识到了团队合作的重要性。吴翠还有一位要特别感谢的学长，当时学长问了她一个问题："你想做一个什么样的人？"她在考虑许久后回答道："我想做一个有影响力的人。"在思考的过程中，她渐渐清晰了自己未来努力的方向，又一次认识了解了自己，并决定以后就要朝这个方向不断努力奋斗。就这样，铭记着来自学长的灵魂拷问，吴翠朝着自己的目标一步一步努力前进着。

直至现在，吴翠都还会感慨："特别感谢我的班主任刘旗老师，是他鼓励我们保持阅读的好习惯，大学生应该多阅读专业经典书籍。作为一名大学生首先在学习上不能懈怠，要进行系统学习，锻炼自己的思维能力。除了课本的学习，我还特别建议在校生学习经济学原理相关知识，它可以帮助我们进入社会后更好地进行决策定位。除此之外，我还特别感谢我们系的李燕荣老师、刘新军老师，感谢他们一直以来对我的支持、信任和帮助！"

职业发展

吴翠在大学毕业后，首先在一家咨询公司实习，在工作期间，勤勉刻苦，认真对待自己的每一份工作任务，在经历了长时间的磨炼后，形成了自己的职业风格，然后在大唐集团软件公司从事人力资源方面的工作，随后辞职在一家金融公司做 HRD，于 2016 年创办了方圆智库（北京）科技有限公司，并在业界取得了优秀业绩。

校友企业家课堂

吴翠非常支持母校的"校友企业家课堂"工作，受到邀约后，很早就开始准备课件 PPT，备课，做好准备工作。结合自己多年的商场管理和职业发展实践经验，她为学弟学妹们带来了"职业生涯与发展"讲座。授课当天早上，吴翠早早来到教室，看到一如自己昨日的年轻脸庞，吴翠脸上洋溢着青春的光彩和温暖动人的笑容。这让她回想起多年前的自己，刚进入学校，坐在教室里听课也是如此青涩。看到台下的学弟学妹们认真的眼神，很感动，和同学们的互动过程也十分轻松愉快。吴翠将自己的实务经历、多年的商场体验，无私地分享给学弟学妹们，同学们在听课过程中与吴翠学姐亲切交流互动，受益匪浅。吴翠表示，很感谢母校给她这次为学弟学妹们分享社会实践经验的机会，能为母校服务，做出自己的努力，她深表荣幸。

校友有话说

如今21世纪已经是90后的舞台，90后是一群有着强烈个性和独特魅力的年轻人，社会上会有很多对90后的误解，认为他们个性过于张扬，但吴翠不这么认为。世界的未来是需要90后去创造的，他们这一代人独有的魅力、潜力是可以被充分挖掘的。她希望在校的学生能够长时间坚持做并且做好一件事，哪怕很长时间内就接触这一件事，也会有很大的收获，她还希望90后可以抛开世俗的眼光，做好自己，把握当下的学习机会，充实自己，为自己的美好未来努力奋斗。

校友寄语

吴翠希望母校北京物资学院能够越办越好，积极引入更好的教育模式，给现代大学生提供更好的教育平台，培育出越来越多的优秀人才，为我国各行各业的发展做贡献。

精彩问答

问：您认为大学生毕业实习是选择大公司比较好还是小企业比较好？

答：如果能够有机会进入大企业，首选大企业会比较好，在大企业内学习和收获都是难能可贵的，目前的发展是趋向小型组织企业的，目前青色组织更适合当代的年轻人发挥他们各自的特长，挖掘各自的潜力。在青色组织中，所有人都是Leader，这恰恰和他们身上所独有的、属于他们这代人的魅力相吻合，如今又是90后的时代，所以说未来的社会将更趋于向青色组织发展。

问：您怎么看待许多毕业生的工作与所学的专业不对口？

答：我认为大学四年的学习并不能决定一个人的人生轨迹，当然也包括职业生涯，所以毕业生在毕业后选择工作时，是可以更趋向选择自己感兴趣或者擅长的领域。兴趣所激发出来的潜力是足够大的，会对一个人产生源源不断的动力，所以毕业生的工作与所学的专业不对口是无关紧要的，并不会阻碍一个人的职业发展。

问：您对母校校友工作、教育基金会工作有什么期待和建议？

答：首先我特别高兴被母校邀请回来讲课，回来后我看到授课校友的照片才知道有一些认识的朋友也是北京物资学院毕业的学生，我觉得校友会可以再改进一下，增加校友之间的联络和交流。还有我今天跟一些老师沟通后了解到，现在毕业生的就业压力很大，我认为学校可以考虑利用校友会这个大平台给学生提供一些就业上的帮助。

后记

吴翠校友是一个十分随和、乐观积极的人，时刻保持着微笑的她给人一种邻家大姐姐的感觉，采访吴翠是一个非常轻松愉快的过程，吸引了很多同学的围观。吴翠的语言条理清晰，每个问题都是认真思考过后才回答的，也会通过这个问题拓展一些自己的其他观点。采访过后，吴翠赶忙进入自己下午课堂讲授的准备中，也让我们看到她内心的细腻，对每件事都认真负责的态度，我真的很喜欢也很敬佩吴翠，她能有今天的成就和业界佳绩，和她对事情的态度以及随和的性格是分不开的。

大学四年的时间，说长不长，说短也不短，我们到底该怎么样去度过呢？每个人都有自己的想法，四年决定不了一个人的人生轨迹，但可以为一个人的人生轨迹打下坚实的基础。有追求，会前行；有拼搏，能实现；有梦想，能飞翔；有努力，会结果。愿同学们在大学生活中有所成长、有所收获。

物院情长　校友情深

2000级国际经济与贸易专业校友　王磊

人物特写

　　王磊，北京资物学院2004届经济系毕业生，现任广西壮族自治区国资委下设广西北部湾广交资产管理有限公司董事、总经理。一个看似平凡却又充满传奇色彩的同学，部队的经历使他为人更加严谨耿直，第一次看到他，幽默的言辞、儒雅的举止、犀利的眼神给人印象颇深。他为人低调谦虚，默默地开车送记者们采访较为年长的校友，言语行动中透露着军人的执着和无私奉献。

积极实践，追求成长

　　在聊起大学的生活时，他说大学时光对自己的成长影响是挺大的。在北京这座多元化的大都市，他学会了从不同的视角去看待世界，思考问题。在校期间，他是一个活跃分子，积极参加各种活动，舞蹈、跆拳道、组乐队，只要学校大礼堂的灯光亮起，舞台上就可以见到他忙碌的身影，文艺大赛的歌手、劲舞大赛的舞者、英文小品大赛的演员、大合唱的领唱、各种晚会的主持人……过往的经历一幕幕鲜活地呈现在眼前。此外，他在课余时间勤工俭学，因为嗓音比较好，去电台当 DJ，去酒吧乐队驻唱。他还跟着老师去顾家沟支教，与社团一起去青海拓展……回忆中的点点滴滴，让记者们不禁感叹大学丰富多彩的经历就是致青春最好的印记！他在大学里学到很多，也成长很多，更结识了一些志同道合的朋友，让自己在人生道路上不再孤单。而说起学校里的变化，他感慨道："学校现在发展得是越来越快了，每次回去都有很大的变化。看着母校越办越好，身为学子感到无比自豪。"

几年的军旅生涯磨砺了他的意志品质。响应学校号召，怀揣着军人的夙愿，携笔从戎。在初选时，从全校五百多报名者中脱颖而出，成为一名光荣的海军航空兵，再经过军校的淬炼后加入机动作战部队，并有幸参加了第一届"和平使命 2006"中俄联合军事演习，在演习中立功受奖。他在经受魔鬼体能训练的同时还掌握了电子对抗的先进技术，为我国电子战的初期建设添砖加瓦。军队的每一天对身体和意志都是极大的考验。这些经历对他今后产生了深远的影响，也让他学会在最短时间内适应社会环境，学会忍耐和坚强。这是他最宝贵的人生财富。

海纳百川，厚积薄发

在工作之余，他喜欢驾车穿过熙攘人群、远离繁华都市，去农田、去山野、去海边，让疲惫的身体得以放松、让躁动的心灵得以平静、让纷繁的大脑停下来去聆听大自然的美妙。

闲暇时他会静静地品上一杯茗茶，细细反思生活或工作。一个来自内蒙古的汉子，在北京上学，在山东入伍，又先后在北京、上海、珠海、南宁、美国等地工作，一路走来苦辣酸甜，五味杂陈，但物院对他来说则是永远不变的情谊。从在北京奔驰的第一份工作，到现在南宁的工作生活，物院各地的校友从未吝惜过给予他精神上的激励和帮助，也正是有了这份力量，他才得以一直走到今天。同样他也积极地帮助病重或家境困难的校友，捐血、捐款，让这份爱心无限延伸！

他喜欢读书，聊起书籍来更是滔滔不绝，他尤其喜欢人物传记和历史方面的书籍。他说，以人为镜可以知荣辱，以史为镜可以明得失，博览群书可以让自己少走些不必要的弯路。他也崇尚道盛和夫"敬天爱人"的思想，并将林则徐的"海纳百川有容乃大，壁立千仞无欲则刚"作为座右铭。他在与校友们的交流中不断学习，不断成长，以严谨的态度和好学的精神来要求、完善自己。秉持着"格物致知、厚德载物"的信念，进一步提高学识、开阔眼界，他曾远赴美国普林斯顿大学，修读运筹金融学，并取得硕士学位，为日后的工作打下了扎实的专业基础，积累了丰富的社会资源。

爱石喜水，抚仙湖边开启民宿生活

一次工作出差，王磊来到了云南抚仙湖，这里空气清新，环山抱水，满眼翠绿，湖水晶莹剔透、清澈见底，他一下就爱上了这里，决定在抚仙湖边开一家民宿。一经寻找，他终于找到澄江小湾村这个民宿网红村里唯一剩下的一家村民的民宅，因为这个位置在村里是风景最美的，所以房东坚守多年，就是不愿意出租，他守在村子里，在他的软磨硬泡下房东同意了，最终租下这座漂亮的房子。

做民宿王磊算是彻彻底底的外行，那就找专业人士帮忙，经过大家一起精心地设计和打造，云南澄江抚仙湖边小湾村里，多了一家有趣的民宿，取名"石头多"实为一个"磊"字，自此王磊开启了他向往的生活。

关于母校，总是有很多要说的

在物资学院生活学习了四年，他有很多难忘的经历。在物院里不仅学到了有用的专业知识，发展了自己的兴趣爱好，还有很多更为珍贵的东西。比如与班里同学们、社团里朋友们珍贵的友谊，直到现在大家也还常常联系。生活在异乡，校友给大家提供了很好的资源，走到哪里都有校友们亲切的问候和无私的帮助。身为年轻一辈的物院人，校友们对学弟学妹的关怀和帮助让物院情传承下来。物院人一定会把这些情感一步步地传承下去。物院人喜欢物资学院，不仅仅是母校这个名字，更喜欢那儿淳淳的人情味儿。

笔者手记

与王磊的访谈中充溢着的是满满的校友情谊。身为广西校友会年轻一代的代表人物，他既幽默又睿智，从他的经历和言语中记者们也看到了物院校友之间深厚的感情。不焦躁，重情义，善学习，这就是王磊。

知行合一不断攀登 创新成就梦想

2003 级经济学校友 陈轩

人物特写

陈轩，山西永济人，北京物资学院 2003 级经济学专业校友，2013 年于北京师范大学经济管理学院就读硕士，拥有英法双语能力。顶级病毒营销专家、天使投资人、连续创业者，现于病毒营销研习社工作，任职首席专家；从业 13 年经历 100 多次营销实战，如担任加多宝、E 人 E 本、云南白药、圣象集团、AMD 等品牌顾问；虎嗅网 CEO 特训营、北师大心理学院、北师大经管学院特邀讲师；《经济观察报》年度杰出营销人物、在行最贵的营销专家；出版多本热销书籍，如《爆品方法论》《很毒很毒的病毒营销》《财富自由，其实很简单》；拥有 28 个自媒体，平台粉丝量数百万，浏览量超过 100 亿，创造无数爆品案例。

回忆大学时光

陈轩大学本科专业是经济学，他在大一时认真学习专业课，并在课余时间通过阅读来丰富自己的专业和课外知识，并在其中慢慢找到自己感兴趣的方向

——营销管理。陈轩在校期间就很重视实习经历并且对营销管理十分感兴趣，于是在大二时就去海尔公司实习，做营销管理的工作，大四时去同仁堂实习，当时负责朝阳区和通州区的整个营销管理工作。陈轩回忆说，其实当时大学生活很辛苦，因为一直在努力实习来充实自己并获得更多经验，而当时坐地铁不方便，更多是坐公交去上班。在整个实习经历中，陈轩校友做过调研、推广、路演、销售等一系列的营销管理工作，经历了一个完整的体系。努力终有回报，大学期间丰富的实习经历使得陈轩毕业时拿了五个 offer，包括同仁堂、招商局等。

职业发展

陈轩毕业后，一直在从事与营销管理相关的工作，八年后，为了更加充实自己，又去北京师范大学读工商管理的硕士。陈轩毕业后刚开始选择在甲方工作，因为发现当时业界普遍对产品发展不够重视，于是后来转型去做了乙方。从基础的业务员做起，到成为股份公司销售总监、美国 4A 公司策略总监、产品设计团队 PM、营销策划机构副总裁、创业公司操盘手、风险投资集团合伙人、咨询公司创始人等。他还曾主导加多宝、E 人 E 本、云南白药、圣象集团、AMD 等 200 多家企业的品牌营销，与众多传奇创业者并肩战斗。目前，陈轩校友兼职了虎嗅网 CEO 特训营、北师大心理学院、北师大经管学院特邀讲师，腾讯社交广告特邀专家，是当前昂贵的营销专家之一，也是知乎 10 万粉丝的营销大 V。

校友企业家课堂

陈轩非常支持母校的"校友企业家课堂"授课工作，连续两年支持学校的实践教育教学改革，百忙之中回母校为学弟学妹们传授真经，传授多年实务经验。这几次授课的主题围绕创新创业和病毒营销，陈轩为大家讲述了关于创新创业与营销管理的一些心得。具体介绍了关于创业的九大陷阱，包括风险与收益的关系、要对资源进行整合判断及用大数据识别偏好选择营销平台的重要性等内容。主要是给即将毕业的同学们一个关于创新创业和营销管理的启发，介绍创业路上可能会遇到的一些绊脚石与陷阱，使同学们能够更好地判断讯息，从而做出更好的决策。

校友寄语

现在是大数据的时代，时代发展变化很快，就连营销模式也不同于以前。

陈轩希望大家保持前进的脚步，能知行合一，学校是传道授业解惑的地方，能够带给大家"知"，但是仅仅"知"是不够的。大家在日常学习和生活中要也多多实践，要真正脚踏实地去做一些事情。最后陈轩校友送给学弟学妹们一句话："在能洞穿未来的人面前，我们也没办法击败他。当我们知道未来时，未来也会改变。"

精彩问答

问：您认为大学生毕业实习是选择大公司比较好还是小企业比较好？

答：首先要看是哪种大和哪种小。我比较推荐同学去大公司实习，因为去大公司实习你会看到比较先进的管理体系、企业文化、产品的发展、营销渠道和生存平台，见识到大企业的资本、渠道、流量、品牌、招商会，使自己对于行业有一个更完整的体系认识，去一个好公司实习并且有所得，可以说相当于读一个清华的硕士。而小企业通常来说，它的管理体系比较小且不完整，甚至很多企业的组织结构混乱，可能会有多头领导等情况，并且小企业宗派主义、论资排辈很严重，对产品的发展也比较敷衍，重心都在销售上面。所以更推荐同学们去大公司实习。

问：您为什么选择了现在所从事的行业呢？

答：最重要的原因肯定还是兴趣，从大学期间接触营销管理的实习经历到现在一直在从事营销管理的工作。从业 13 年我一直比较喜欢的一句话是"知行合一"，聊是知，做是行。做事坚持下去，兴趣很重要。可能有人会说永远不要把你的兴趣当成你的职业，这样你会对它失去兴趣。我对于这句话的观点是：如果你不想把你的兴趣当成职业，只能说这不是你的真兴趣，你对它不够上瘾。

最好的投资就是自己的头脑

2005 级经济学校友　王伟杰

人物特写

　　王伟杰，籍贯北京市东城区，北京物资学院 2005 级经济学院经济学校友。2012 年获平安证券公司"优秀个人"称号，任高级客户经理；2014—2016 年在中公教育任职期间，被评为高级培训讲师；现就职于新湖财富投资管理有限公司，任高级培训经理。

回忆大学时光

　　2005 年的初秋，王伟杰和许多年轻人一样满怀憧憬进入大学。进入大学，军训似乎是每名大学生的开学第一课，军训结束就是四年美好大学生活的开始。他回忆，在这青春昂扬的四年里，不仅学到了扎实的专业知识，还结识了良师益友，更为自己的人生谱写了华丽的篇章。

王伟杰说，他特别感谢自己的母校，感恩自己的老师。他感谢自己的班主任孟老师，对于初入大学的他们，孟老师不仅在学习上十分关心同学，在生活上也对他们照顾有加。尤其是孟老师所讲的经济学通俗易懂，给他留下了深刻的印象。还有就是谢老师的高等数学，他说，谢老师的数学课讲得特别透彻，谢老师也十分有耐心，对他们不解的问题一遍遍地解答，直到他们真正理解为止。从老师的身上不仅学到了相关的理论知识，还学到了认真、负责的做事态度。这些良师的指引，让他终身受益。

王伟杰回忆道，大学时的同学情谊，特别珍贵。无论是宿舍同学情，还是同班同学情，又或者是临时组建的篮球队友情，大家都是情意浓浓，真心实意。能在人生最美的年华收获这些单纯又美好的情谊，是人生中多么宝贵的一笔财富。这些情谊大家会一直保持，永不褪色。

王伟杰还说，在大学里，除了良师益友的陪伴，他还收获了甜蜜的爱情。总之，一提到自己的大学时光，他脸上就会洋溢着灿烂的微笑。

职业发展

王伟杰大学毕业之后，一开始的工作经历并不是很顺利，但是积累了丰富的经验。毕业后，他做过保险、销售，跑过业务，做过信用卡中心客服。他早先的这些经历虽然挣钱不多，但是让他积累了丰厚的经验，比如，与人打交道、说话的方式等一系列的内容，包括现在讲课用到一些专业术语好多都是在信用卡中心做客服的时候学到的。

2010—2013 年王伟杰在平安证券公司营业部任职。2012 年刚入公司一年多的时间，他已经是高级客户经理，在 2012 年的第三季度，由于自己当时业绩突出，获得最佳业绩"优秀个人"称号。王伟杰校友说，自己之所以很快取得这些成就，离不开以下两点：第一，自己性格外向，活泼开朗，愿意和别人打交道；第二，自己比较喜欢股票方面的知识，比较喜欢钻研这方面的东西，平时比较喜欢积累，每天早上起来第一件事就是看财经新闻。

2014—2016 年，王伟杰就职于中公教育。在中公教育任职期间，一次偶然的机会他成了培训讲师，这似乎打开了他以后人生道路的大门。王伟杰校友说，在中公教育做培训讲师，是他做得最好的一份工作，后来因为婚后不能总出差，而选择离开。当时辞职的时候，他已经是中公教育的高级培训讲师，当时自己已经可以独立去讲西方经济学、货币银行学、投资学以及从业类考试的基金、证券、保险的课程。

2017 年，王伟杰就职于新湖财富投资管理有限公司，主要是做财富管理运营，现在已经是高级培训经理。除此之外，王伟杰每年还会被中公教育返聘，讲一些比较棘手的课程以及与银监会和央行考试相关的课程；还被广发银行总行聘请讲电话营销及相关课程。

校友感悟

谈及大学时光，王伟杰校友感叹道，他唯一的也是最大的感悟就是：在大学时期一定要学会充分有效利用时间。他说，踏入社会，你再想找一个比较集中的时间来学习，真的是难上加难。上班之后，你就会发现，只要是上进的人，他如果想在这一个行业发展，他就必须得学习，除了工作以外其他大部分时间都要学习充电。如果你不提升自己，你就会被淘汰，现实就是这样。以后在社会上，如果想历练，而什么都不学，成功是很困难的。所以，要充分有效地利用好自己的学习时光！

校友企业家课堂

王伟杰结合自己多年社会实践经验和商场实务体验，运用大量的案例和素材，为学弟学妹们讲授了金融与期货、经济全球化发展趋势课程，使在校生对当前经济发展形势有了更深刻、更全面的认识，对同学们在校期间如何为将来就业做准备起到了很大的帮助，能够让同学们更有条理地安排好自己仅有的四年大学时光，在学得扎实理论知识的前提下，考取相关证书，不虚度光阴。

王伟杰在母校课堂中用风趣幽默的语言，将晦涩难懂的经济知识变得通俗易懂，使同学们能够更好地吸收理解，他还时不时用网络用语带动课堂气氛。同学的反响很热烈。这些内容不仅为大家补充了理论知识，而且有利于同学们了解现在的中国和世界的经济状态。王伟杰精美的 PPT 课件知识内容丰富，详细地解答也展现了他丰厚的知识储备。下课后同学们纷纷拷取师兄的 PPT，学弟学妹们为师兄能带来如此出色的课堂感动不已。

王伟杰在肯定校友企业家课堂的同时，也相应地提了一些建议。王伟杰说，企业家课程应该更加多元化，不单单是请一些老师来给大家上理论课，除了单纯地给学生讲课以外，还可以带着学生去做一些其他的实践活动，因为物院有很多企业家校友在社会上成功创业，可以通过校友会和各学院，组织学生到他们的企业中去参观、学习和实践，真正切实地把课堂和现实实践活动串联在一起，更好地做到理论与实践相结合。通过企业家课堂延伸深入企业当中去，让同学们亲身体会，动手实践，可以从另一个方面促进同学们对理论知识的运用、理解和提升。

校友寄语

王伟杰校友的人生格言是："世界上最好的投资，就是投资自己的头脑。"

投资自己的头脑虽然不会像投资黄金、投资房地产那样，可以很快有一个看得见的成效。但是，这项投资永远不会遭受通货膨胀，永远不会贬值，永远不会离开你，你也用不担心市场各种环境的变化，它只要是在你的头脑里，你随时都可以用。

再一个就是大家都有年轻的时候，但当你真正步入30岁的时候就会有所改变。比如，我们班这次聚会，我有一些同学，三十出头两鬓已发白了，他们几乎都是经历艰苦打拼成功致富的楷模。所以青春的时候，你也不一定非刻意要求自己必须得干什么，但是这个时间不能浪费，不管怎么样，你所做每一件事情，不能让你多少年后再回首时你发现自己后悔，这是不行的。

王伟杰说，很多人因为在20岁的时候他没有做他20岁该做的事，所以现在反过来，他要在30岁的时候想办法充实自己、提升自己，不能让自己40岁的时候，再看30岁的自己还是在后悔。所以，在校大学生们也一样，在自己20岁的时候，一定要做一些有意义的事情。

精彩问答

问：您认为大学生毕业实习是选择大公司比较好还是小公司比较好？

答：首先大公司有大公司的好，小公司有小公司的好。

我个人的看法是，有能力的话还是先进大公司磨炼一下。在中国现在的经济状况下，很多小企业，本身它的想法、创意很好，老板也很有活力，但在这种特殊的条件之下它就是活不了，因为没有足够的订单，没有足够的人群，没有足够的客户。如果你去这样的企业干个半年一年的，有可能就会把你前期的青春都丢掉了。所以，我个人建议，如果学生毕业，有条件的话还是先去大企业稳定一下，把自己大学时候的这些棱角先磨一磨。因为进入社会你会碰到很多鱼龙混杂的人和事，在里面接触一段时间之后就可以把自己身上的一些棱角磨平。在大企业待一段时间出来之后你就更加像一个社会人，而不是一个初出茅庐的毛头小子。

然后，等你有一定的资源，有一定的人脉，有一定的技术，自己有一定能力的时候，又经过三四年的磨炼，这个时候你再跳出来去一个小企业。这样的话有什么好处呢？第一，小企业可以提供给你在大企业里达不到的那种平台，因为很多大型企业人比较多，你要想升迁还得论资排辈，提升的速度慢；第二，在小企业你确实能做出比较好的业绩，它又能给你一个很高的头衔或荣誉，在这里面你可以尽情地施展自己的才华和才能。我身边有很多人，包括我自己也是一样，都是从一个大企业先做起，有了经验之后再跳出去，到小企业。

问：您怎么看待许多毕业生的工作与所学的专业不对口？

答：我个人觉得，高考填报大学专业志愿，当时未必是你自己挑选的，有可能是你爸妈给你挑选的或是其他什么原因，但真正走人生道路的时候肯定得你自己走。所以我觉得，想做什么就做什么没有什么问题，主要是你不是闲着，你不能无所事事。那你想做什么，从理论上来说，都是你自己个人的选择，只要坚定一个目标，不断去做、去努力。比如我自己，我是学金融的，身边也有很多同学毕业后并没干这一行，他们也生活得很好。还有一些，学完金融之后自己又去技术学校学的 IT，学的编程，那些做 IT、编程的，现在也做得特别好，做得风生水起。

从理论上来说，人生它不是说固定下来就必须一成不变的，还有很多不确定性的因素。所以，你学专业也是一样，不是说你学了什么专业之后，你这一辈子只能去做这个，只要你愿意去做，这个事情不违法，它对整个社会有益，那你就可以努力去做。遵循自己的内心，不断超越自己，跨行发展一样能卓尔不群。

成功无捷径　格局创未来

2005 级金融专业校友　王丰顺

人物特写

　　王丰顺，北京人，原籍山东，北京物资学院 2005 级金融专业校友，现于中海微银资产管理有限责任公司工作，任职培训总监。从业十年时间里，王丰顺从刚刚步入社会的懵懂青年，一路奋斗，一步一脚印，不忘初心、牢记使命，持之以恒、砥砺前行。他拥有很多身份：国家理财规划师，人力资源部与社保中心特约理财专家，CHFP 国家理财规划师认证协会编委成员，LOMA 认证讲师，AACTP 认证培训讲师，东方华尔等多家教育机构特聘金牌讲师、金融理财专家。

回忆大学时光

2005 年的初秋，王丰顺和许多年轻人一样开启了大学生活。受家庭环境的熏陶，他从小就对金融有浓厚的兴趣，股票、证券这类充满前景的工作深深吸引着他，他也顺利来到了北京物资学院经济系主修金融专业。大学时期的王丰顺在努力学好专业知识的基础上，还积极参加学校组织的各种活动，全面锻炼自己的能力。其中，印象最深的是 2008 年北京奥运会志愿者活动。这次经历不仅让他认识了不同专业的小伙伴，还有来自其他学校的优秀志愿者，这些朝气蓬勃的有趣灵魂们相互碰撞出青春时代五彩的记忆。对于大学时期的王丰顺来说，奥运会志愿者是第一份正式的可以走出校园、与社会人士接触的"工作"，与他们分享自己的社会观和价值观，在交流中增长了见识，开阔了眼界，也明确了未来的职业发展方向。这份宝贵的经历不仅充满着强烈的国家荣誉感、责任感，也塑造了他坚强的意志、优秀的沟通能力，使他的格局得到了升华。更加幸运的是，他在大学里找到了自己的人生伴侣和一同闯天下的好兄弟，这些情谊是极其珍贵的。

王丰顺校友如是说："大学期间，要多参加一些社团活动，如大艺团，这样可以认识更多的人，结交更多的朋友。虽然社会上也存在珍贵的友谊，但是大学期间大家彼此之间是最纯粹的，可以没有芥蒂地谈理想。"

职业发展

大学毕业之后，经过学长的介绍，王丰顺进入一家大型保险公司。这是一个大平台，让人开阔眼界和格局的同时也会帮助人培养正确的职业习惯，为将来的职业发展打下坚实的基础。王丰顺认为，初入职场，大公司往往比小平台具有更健全的培训机制和办事流程、更广阔的视野和格局。许多从小公司过来的优秀员工，他们虽然为人正直，却养成了一些不太好的职业习惯。正如《猎场》中所演的那样，有的人一出场便是正直可靠的形象，有良好的着装、端庄的言谈举止、舒适的待人接物，这些是身在大公司更容易习得的。大学期间所学习的不仅是课本知识，还有尊师重道、遵守规范的品德，后者能让你与大公司产生一种共鸣。

为何选择培训师这一职业？青年时期的王丰顺工作了一段时间后，选择做了更适合自己的职业讲师，迎接新的篇章。

最初从事这份工作时，他每天要面对很多人，一个月一半以上的时间在全国各地讲课，只能趁着坐飞机的时候休息一下。繁忙的工作也带给他新鲜的经验和广阔的视野，可真是累并快乐着。这时，一个小生命的到来让他停下奔波的脚步，回到了朝九晚五的工作节奏中。每一份经历都有价值，在新的工作环境中，过往的经验和经历以及积累的工作能力和开阔的视野，让他更加自信，从基层一步步上升到中高层。王丰顺说："自信很重要，自己一定要相信自己。外界的声音需要有，但首先自己也要给自己信心，不断学习，不断积累。另外，要把自己的行为规范化、标准化，因为有一些抉择并不是靠专业跟经验，而是靠习惯。尤其是金融行业，心中要有一把尺，如果这把尺歪了，那么很容易被市场淘汰，甚至有法律风险。想要走得远，一定要有正确的三观，这样下来社会交际的圈层才会越积累越深。"

校友企业家课堂

王丰顺非常支持母校的"校友企业家课堂"，2018年、2019年连续两年为母校学弟学妹们授课，结合自己多年实务经验和成长经历，为学弟学妹们奉送一场场别开生面、生动活泼的实践教学课堂。

王丰顺为学弟学妹们带来的课堂主题是"观金融市场变迁，谈理财规划师成就之路"。在授课过程中，他通过资产配置模型的带入和讲解，为同学们逐一分析了"零花钱、保障钱、投资钱、规划钱"的具体定义和功能，以及不同模块可以使用的金融工具，深入浅出地为同学们讲解了不同金融工具的优势和特点，同时也就金融市场上的一些常见陷阱给出了明确建议，给出同学们家庭资产配置合理建议。王丰顺还对股票、期货、债券、信托、基金、银行存款、保险和房地产等常见投资投机渠道进行了详细的讲解与盈利分析。

课堂上，王丰顺让同学们每个人都尝试写一份理财规划建议书，进而达到拟定的投资目标，大家通过认真的计算和分析都给出很好的答案，尽管在实际操作上和金融工具的选择上略显青涩，但同学们通过此次实践，明白了金融市场的复杂性和不确定性，也了解了理财规划对于家庭和个人的重要意义以及投资目标设立的重要性。

相信通过此次课程的学习，各位同学都能够更好地运用金融工具，明白"如何理财能收益最大化"，将自己的大家和小家规划得井井有条。最后，王丰顺学长也送给各位学弟学妹一句话共勉——"余生冗长，不必慌张"，希望大家充分利用现在的时间，戒骄戒躁，充实自己，为自己以后的财富累积创造更多的优势条件，为自己未来的规划奠定更加坚实的基础，同时也祝愿各位学弟学妹一切顺利，学业有成。

校友有话说

王丰顺寄语学弟学妹："刚步入职场时不要怕吃亏，青年时期是反应最敏捷、学习最快的时候，这个时候应该多学习，多积累。"

精彩问答

问：大学期间可以锻炼哪些能力，以更快地适应职场，对学弟学妹有什么建议？

答：大学时期积累的待人接物的能力和行为规范与正式工作中的实际需求有相似的地方。职场中要树立正确的价值观和社会观，培养规范的行为习惯，提高自己的情商。可以多读一些专业书籍，多与有经验的前辈沟通，提高自己的职业能力。不要怕吃亏，服从公司安排，更快地熟悉自己公司的企业文化和氛围。

问：毕业后的第一份工作选择在大公司好还是在小公司好？

答：大平台往往有一套健全规范的办事流程和开阔的视野，尤其是金融业，大平台耳濡目染的环境可以给人正确的职业上的熏陶，心中有一把无形的尺，不断校对自己的职业行为。小企业在职业素养养成上和制度完善程度上可能有所欠缺，对于刚步入社会的大学生，入门的标准化流程还是很重要的。

问：怎么看待所学专业与工作不对口这个现象？

答：首先，学校所学习的知识跟工作中需要用到的可能会有区别，但是大方向上基本是一致的，一方面要学习掌握工作中用到的专业知识，另一方面要锻炼待人接物的能力以及熟悉所在公司的文化氛围。

合作发展促共赢　务实勤奋求创新

2005 级社会保障专业校友　夏东

人物特写

　　夏东，北京物资学院 2005 级劳动人事系社会保障专业校友，现于北京易华录信息技术股份有限公司就职，任人力资源管理中心副总经理、企业大学执行校长、数据湖事业部副总经理。

　　夏东校友目前从业十年有余，先后在政府部门、民营企业、上市家族企业、央企上市公司任职，积累了丰富的工作经验和社会阅历，尤其擅长企业战略经营管理、人力资源管理、教育培训等。在运用创新思维高效达成任务目标、组织协调、整合资源平台构建共赢模型方面有大量的实践经验和独到见解。

　　曾先后获得北京市国资委党建宣讲队宣传员，2008 年奥运会、残奥会先进个人，企业优秀员工，优秀管理者，优秀共产党员，优秀党员干部等荣誉。

回忆大学时光

夏东于 2005 年考入北京物资学院劳动人事系社会保障专业。大学期间,他积极参加各种社团,如系篮球队、学生会、青年志愿者协会等。他曾先后担任系体育部干事、校学生会安保部干事、生活部副部长。于 2008 年通过北京物资学院全体学生代表大会竞选,担任校学生会副主席,分管生活部、学习部以及宣传部的工作,此外,他还积极参加志愿活动和勤工俭学等社会活动。

在校期间,他曾主导并组织了厨艺大赛、大学生舞会、消防演习、辩论赛等诸多赛事活动和文艺活动。

大三时,夏东被推荐参加了北京市委市学联开办的大学生英才学校的学生骨干干部学习班,并被学校推选成为北京奥运会、残奥会机场交通抵离团队的学生主管,负责机场车辆调度,各国官员、赛事技术官员、各国运动代表团的接待工作。

他认为大学期间的社会工作对他未来的成长影响颇多,这些经历锻炼了他的组织协调能力,让他懂得如何与人打交道,构建共赢模型。这些经验也让他明白做事情一定要务实勤奋,不能机械复制前人的模式,对每件事都要有自己的总结思考,要学会从不同的角度来看待问题,深入了解事物的本质。

职业发展

在大学毕业后,夏东也曾像很多人一样考取了较为稳定的公务员职位。在朝阳劳动局仲裁岗位工作期间,他积累了大量的专业知识,但他发现自己并不喜欢这种安稳的、可以预见未来的生活。他认为自己的能力还没有得到充分发展,想要挑战更广阔的未来,所以他放弃了公务员的稳定工作,进入了一家国企转制人力资源方面的管理咨询公司。

一开始夏东就职于市场部,后来负责猎头工作,以人力资源主管身份暂代人力资源经理。在工作期间他从事猎头、管理咨询项目等工作,并发表了专业文章,对企业人力资源管理工作逐渐形成了自己的体系。

后来,因为想将在专业咨询公司服务行业所学到的知识进行实践,所以他选择进入了一家拥有研发、生产的实体医药上市企业,担任人力资源高级主管。在这家企业的五年多来,他见证了公司的成长和飞越,并逐步形成了自己的专业体系和工作风格。

因在制药行业积累渐深,2016 年夏东经猎头推荐,进入一家家族药业集团担任人力资源副总监。

后来，随着市场的迅速变化与发展，他期望能够接触时代的热点，所以毅然决然地放弃了高薪、高职，选择跨行发展，进入了一家央企的二级高新技术上市公司——北京易华录信息技术股份有限公司，从招聘主管岗位从头做起，再到招聘经理直至人力资源管理中心副总经理、企业大学执行校长、数据湖事业部副总经理。丰富的工作经历给了他很多启示：不能年轻气盛；要去正规的企业平台；要及时反思，遇事冷静，明白自己的能力与不足。

校友企业家课堂

2019 年，夏东为同学们带来了以"城市数据湖赋能大数据时代"为主题的校友企业家课堂。

如今是大数据时代，数据呈爆炸式增长，每两年数据量翻 1 倍，人类面临的最大挑战不是计算缺乏，而是数据存量快速增长与数据长时间、低成本、低能耗存储和利用之间的矛盾。因此，"数据湖"这一新概念被提出并逐渐受到普遍关注与重视。夏东导师通过趋势、理论、方案、实践四大板块，结合自身企业的实例，让学弟学妹们更容易理解数据湖的产生、意义与效用。

夏东的企业家课堂课程涉及大数据的趋势定义及相关理论，目的是告诉学生要了解在当前的时代背景下，国际、国内、行业都在发生着什么深刻的转变，要懂得顺势而为，了解外面的世界在干什么，看社会、听社会、了解社会。

夏东结合自身的工作经验，教给学生在学校学不到的知识，让学生能够及时了解前沿知识，正如数据湖即大数据时代下的发展目标。校友也能结合自身在学校与工作生活中的体验，告知学生经验教训，令其少走弯路。这场教学与实践的创新，将会在不断地改进下，给大学生们带来更多的收获。

同时，他也对企业家课堂提出了一些希望：企业家课堂要有自己的排课体系，可以选取几个方向，有逻辑思路，成体系地为学生授课，了解学生想要听什么，最好是能够与专业相关，这样企业家课堂的效果可能会更加理想。

校友有话说

夏东寄语学弟学妹：学习很重要，尤其是大学期间积累的获取知识的方法，以后的工作需要大量的知识储备和经验储备，如果没有深厚的积累，你在未来职业发展的关键上升期就难以把握稍纵即逝的机会。

社会是务实的、功利的，也是结果导向的。年轻时要多一些挑战，多一些承担，只有经过磨砺才能逐渐走向成熟，成为合格且优秀的职场人。在大学阶段和初入职场的五年内，我们要向海绵一样，谦虚好学，积极勤奋，不断积淀。

少些要求，多些实干，不任性，不冲动，吃最多的苦，经历别人所没有经历的事，不断丰富自己，要明白没有任何一个人的成功是凭空而来的。

校友寄语

大学期间学习与工作要双管齐下。在年轻时多尝试、多挑战，不要计较得失，不断提高自己。同时也要能认清自己，明白自己的能力与长处，看到自己的不足，要时时刻刻保持清醒，明白什么时候该干什么样的事。我们改变不了生命的长度，但可以压缩生命的密度。用最短的时间，做最多的事。

精彩问答

问：您认为大学生毕业实习是选择大公司比较好还是小企业比较好？

答：毫无疑问是大公司。主要有两个原因：第一，只有大公司的大平台才能帮助你向更好的平台发展。第二，虽然小公司干得全，但是不规范。很多东西小公司是瘸腿的，少东西的。一旦你养成了工作习惯，后面想在大公司改回来很难。虽然你在大公司做的是皮毛的工作，但如果你工作的时间足够长，你会看到整个体系的运转。他们有完整的机制和制度去行事，它的风险控制非常强，规范性非常强。刚毕业一定要打好基础，学好规矩，学好不容易，学坏很容易。在大公司尽管一开始在打杂，有些事情不见得都去干，可以看，可以去问，可以去学。大公司接触的人职业素养是很高的，他的职业能力一定是比较优秀的，你和优秀的人在一起，你的提高会很快。

问：结合您的经历，您认为在校生需要培养锻炼什么样的能力才能更好地去适应社会生活和工作。

答：我认为最关键的能力是沟通能力。这个世界上的事情百分之七八十都是沟通的问题。如何沟通，如何最有效地传达，让对方乐于接受，这是关键的问题。第二个是协调能力，构建双赢模式，共赢模式。要有更宏观的眼光，要有整合各种资源的能力。第三个是创新能力。在工作中，我们是要解决问题的，解决问题的原因是旧有的方案解决不了，我们在工作中面临的很多问题的解决方法是需要创新的，是要想出不一样的方法去解决这些问题的。总的来说，我觉得站在在校生的角度来考虑这三个能力是首要的。

提高认知　把握趋势　掌控未来

2005 级经济学校友　张文龙

人物特写

　　张文龙，安徽安庆人，北京物资学院 2005 级经济学专业校友，全国第一家"互联网＋"运动连锁品牌——桔子运动创始人。在毕业十余年里，张文龙不忘初心，努力进取，有着明确的目标和独特的思维。在毕业十余年的三次创业中，张文龙从一开始什么都不懂成长为能够独立思考的企业家，从开始最基础的行业做起，一点点接近自己心中的目标。在企业发展的过程中，他是高瞻远瞩、披荆斩棘的领导人，一直以来都非常注重人才的培养和现代化的管理，不断尝试结合新技术积极推进新跨越，创造了众多奇迹。

回忆大学时光

　　2005 年的秋天，张文龙和许多年轻人一样带着对北京的向往来到了大学，进入北京物资学院经济系学习。每个人来到大学都会有一段迷惘的时期，刚来大学时，张文龙也有过迷茫和不适应，但和别的同学不同的是，他很快就调整好状态投入学习之中，认真学习专业课，探究其中的知识和体系，不断完善自己，充实自己。在课余时间，张文龙通过读书来开阔自己的视野，尝试找到自己感兴趣的地方并为之努力。上大二之后，不甘心只坐在教室里"啃书本"，想要尝试新事物的张文龙开始参加各种实践活动：创办企业家创业社团、出去参加讲座、做生意等。在此期间，和 360、人人网、美团老板都有过深入的交流。在大学的这些实践经历让张文龙收获颇多，虽然创业这条路很难，但是总会有人走下去，正是这份创业的决心，为他以后的人生开辟了一条崭新的道路，为以后的创业生涯打下了坚实的基础。

直至现在，张文龙还会感慨自己的那些创业时光，当被问到"后悔吗"，他的回答是不后悔。作为一名大学生在大学期间一定让自己充实起来，多学习有关的专业知识，开阔自己的眼界，将眼光放得长远一些，有时间还可以锻炼一下身体。你今天的努力，对未来的工作都有很大的帮助，特别是选择自己以后要走的路时，你会发现，懂得越多，你可以选的路就越多，你成功的机会就越大。

职业发展

在大学毕业后，张文龙也犹豫过是工作还是创业，考虑要不要去美团或者尝试与别的公司进行合作。在慎重的考虑之后还是决心踏上创业这一条路。在人生的岔路口，哪一条路都不是错的，因为在每条路上你都会收获不同的东西，正如《阿甘正传》里所说："生活就像一盒巧克力，你永远不知道下一块是什么味道。"在 2009 年，张文龙开始了第一次创业。张文龙校友用"穷、懵懂、搬砖"来形容自己的第一次创业。在第一次创业中，张文龙做的是围绕校园的一些生意，比如，卖各个景区的门票、卖鞋、给学生送快递等。在第一次创业中，张文龙遇到了很多的困难，也没有相关的经验，不懂企业管理、员工管理的相关知识，所以第一次创业的路走得很艰难。到了 2013 年，张文龙开始尝试第二次创业，开始接触电子旅游行业。与第一次创业不同的是，这次张文龙有了创业的一些经验，清楚地分析了自己所在的行业，并组织起了自己的团队，尝试资本管理。时间到了 2016 年，热爱瑜伽健身的张文龙校友迸发出一个崭新的想法，何不依靠互联网的浪潮，做一个线上的瑜伽课堂呢？所以桔子运动诞生了。在这一次创业中，张文龙已经可以独立思考，有了自己独特的思维体系。目前张文龙校友的桔子运动拥有桔子瑜伽、桔子太极、桔子普拉提、桔子舞蹈等多个子品牌，桔子运动作为瑜伽行业的一匹黑马，其独立的合伙制创业模式深受欢迎，目前已获得超过 5000 万风险投资。

创业是一条很难的路，这三次创业中，支持张文龙走下去的正是发自内心的这种原动力，这种动力来源于渴望对自己的改变、对生活的改变、对家人的改变。在进入北京上学的那一刻，张文龙就决心改变自己的命运。"年轻人要有毅力，不怕失败，在遇到困难时，一定要坚持，正是这份坚持才让我一次次地走下去。"张文龙校友动情地说道。

校友有话说

创业是一条艰辛的路，也是一条充满希望、充满未知的道路。随着时代的发展，留给年轻人的机会越来越多，中国的未来注定是属于年轻人的。要想从这条路上持续地走下去，首先要有不服输的精神，面对生活中的挫折一定不要想逃避，要勇敢地面对它，只有这样才能真正战胜它，走到成功之路的彼岸。

校友寄语

大学时光是最美好的时光，充满着无限的可能。在大学四年，要充分地利用时间，不要仅仅是待在宿舍，或者荒废度日。心中要有一个目标，知道自己未来的方向在哪里，知道自己该如何努力。

大学是人生中最珍贵和最难忘的阶段，在大学生活中，要努力学好专业课知识，打好坚实的基础。在学好专业课的同时，也要多看看书，多出去走一走，不要光待在学校学习。如果实习，尽量找一些大企业实习，了解他们的管理体制、公司做事情的流程，这对大学生来说会是一种很大的提高。因为锻炼实践的东西要比你从书本上学来的更多，体会也更加深刻。

精彩问答

问：大学期间，你觉得我们大学生最应该培养哪些能力和素质？

答：大学生要具备的能力和素质有很多，首先要提高自己的认知，大学不应该只学习书本知识，进入大学你已经开始向社会人过渡了。不断开拓自己的思维，更多是学习的能力，要求你要很快地适应这个社会，要求你要拥有很强的适应性，其实适应能力本质上就是学习能力。面对一个难题，不仅仅是把它解出来，而是懂得要用什么样的思维去解出来。口才和演讲能力也很重要，走上社会之后你要和各种人打交道，你如果自己想要说的表达不出来，有再多的想法也是没用的，也无法产生共鸣。最后，在大学也要多运动，锻炼好自己的身体，为以后的工作打下基础。

问：您对学校校友工作、发展建设有什么建议？

答：学校应该多组织一些这样的活动，多让学生走出校园，多让学生开阔视野，提高认知。可以组织学生去大企业参观一下，让大家思维得到拓展。一个学校不仅仅教授课本知识，更多是来源于实践活动，可以让学生提前接触一下社会，让学生以后可以很快适应这个社会，创造条件读书和实践更好地结合起来，做学生人生路上的指路人。

后记

张文龙，是一个果断干练的人，整齐的衣装、清晰的思维，没有一处不显示着他在工作中的细致和认真。在课堂上，张文龙的语言也是严谨且亲切的，他的思维逻辑十分清晰，他将自己这几年创业的心得和收获拿出来和我们一起分享。张文龙能有今天的成就，离不开他在大学中的努力学习和在创业过程中的勤恳努力，还有面对困难时不服输的精神。

不再回头的，不只是那古老的星辰，也不只是那些个夜晚的星群和月亮，还有我们的青春。四年，我们有幸拥有着这四年，但多少人的四年已经一去不复返，拿出我们勇于尝试的勇气，拿出我们青春的热情，瞩目远方，你才会加快步伐。让我们的青春飞扬吧，以自信的笑脸和积极的心态去拥抱美好的明天！

兴趣成就人生　求索勇攀高峰

2006 级人力资源管理校友　曹荻明

人物特写

　　曹荻明，北京人，北京物资学院 2006 级人力资源管理专业校友，并于清华大学进修艺术品鉴赏。老字号"元懋翔 1758"传承人/总裁，著名木器杂项鉴定专家，美国宝石学院 GIA 钻石鉴定分级师、G.G 研究宝石学家，北京大学 PKUC 珠宝鉴定师，CCTV－2、BTV－财经专家组成员。他还担任中国红木产业青年领袖联盟主席，中华木工委员会常务委员，北京市收藏品行业商会副会长，中华民间藏品鉴定委员会专家委员，中国陈设艺术专业委员会副秘书长，中国宫廷家具研究会研究员，北京市海外联谊会常务理事，联合国教科文组织民间艺术国际组织会员。

回忆大学时光

　　曹荻明大学本科专业是人力资源管理，在学生时代担任校学生会主席，国家运动员。曹荻明校友期间就很重视社会实践经历并且对艺术品鉴赏十分感兴趣，于是在不影响学习的前提下，大一时他就经常去各个地方的古玩市场深入了解，并通过自己的努力获得了人生的第一桶金。在校期间，曹荻明校友将时间管理放在第一位，虽然高中是一名理科生，但为了丰富专业知识，他总是能挤出时间阅读历史类的书籍，了解每一件古玩背后的故事。

职业发展

曹荻明 2008 年被老字号"元懋翔 1758"聘为首席设计师。2009 年为世界博览会北京市政府驻上海办事处设计并制作家具。2010 年被聘入故宫博物院工作，于故宫出版社负责《紫禁城》杂志的发行工作。2011 年于故宫博物院故宫文化传播公司担任项目经理，从事木器和陈设的研究。2012 年代表故宫博物院出访乌克兰，参与中乌国家文化交流，并出版书籍《乌克兰绘画百年》一书；同年陪同联合国教科文组织民间艺术国际组织（IOV）主席、副主席、秘书长参观故宫博物院，并进行讲解服务。2013 年曹荻明入选中华民间藏品鉴定委员会，担任委员一职，2014 年晋升为专家委员。2014 年曹荻明被正式授予 IOV 会员身份，成为全球第 4877 位加入来自全球 184 个国家的国际组织的一员。2014年曹荻明出任中国陈设艺术专业委员会副秘书长一职，主要负责陈设艺术的展览、教学、奖项评选工作；同年出任中华民间藏品鉴定委员会专家委员一职；同年当选为北京海外联谊会理事。2015 年《香港文汇报》整版刊登《80 后收藏家曹荻明》。2015 年曹荻明出版《品真：三大贡木》和《品真：木中之香》两册新书。2016 年中国文化使者曹荻明受邀赴多伦多大学讲学。2016 年 10 月 26日，曹荻明出席"艺术收藏 V 影响力峰会"，针对峰会主题，并获颁"微博2016 十大影响力收藏大 V"奖。2016 年曹荻明受聘担任中国宫廷家具研究会研究员、中华木工委员会常务委员，同时被中国宫廷家具研究会授予"中国宫廷家具研究贡献人物"称号。

2017 年 1 月曹荻明获得北京大学宝石鉴定中心珠宝鉴定师双料结业证书。同年 7 月，曹荻明通过 GIA（美国宝石学院）的相关考试，获得了 GIA 钻石鉴定分级证书。2017 年 12 月 7 日，曹荻明受邀参加微博 2017 年人文艺术 & 收藏影响力论坛，并连续第二年获得了"微博十大影响力人文艺术 & 收藏大 V"的荣誉。2018 年 6 月，曹荻明被聘任为北京物资学院本科教学实践导师。2018 年8 月 3 日，曹荻明获得了"315 全国征信系统诚信企业认证"颁发的"诚信企业家"称号。2018 年 11 月，曹荻明获得 GIA（美国宝石学院）珠宝领域最权威鉴定师证书，G. G（Graduate Gemologist）研究宝石学家证书。2018 年 12 月 21 日，曹获明受邀出席"2018 微博 V 影响力峰会"，并获得"微博 2018 十大影响力收藏大 V"的殊荣。2019 年 1 月 16 日，曹获明当选为中国红木产业青年领袖联盟主席。

校友企业家课堂

曹获明非常支持母校"校友企业家课堂"教学实践改革，多次回母校参加相关活动。他为学弟学妹们带来的课程是"中国传统文化的继承和发展"，曹获明为大家讲述了自己的创业经历：从推销小手串开始，到去世界各地采料，向大师学习等。具体介绍了关于真假蜜蜡的鉴定方法，分享了自己如何处理与客户的关系——把客户处成朋友，把朋友处成家人。在课程中主要和同学们分享了自己的经营之道——追求细水长流，重视从量变到质变。他提道，我们对学习也应是如此，只有充分地做好职业规划，把有限的时间用在刀刃上，才能脱颖而出，实现自己的人生价值。

校友寄语

当下，很多同学面临着考研与创业的选择。考研必须确定好自己考研的院校、专业以及未来想生活的城市。创业则对大家的综合素质以及资金基础要求较高。在校期间，建议同学们多培养良好的兴趣爱好，多阅读史书，充分地体验生活，将主动权掌握在自己的手中，做有价值有意义的事。鼓励同学多参加校友会举办的分享活动，也希望同学们早日确定自己的目标，并能全身心投入其中。

精彩问答

问：您有什么重要的人生感悟？

答：顺之缓发，逆之久蓄。意思就是在处于顺境时，不要过度挥霍，要记得积累。在处于逆境时，更要正心、正念，修身、修性，摆正心态。任何成功都没有捷径，只有通过经验的积累、充分的社会实践才能走向成功。人不能活矫情了，成长的过程中首先需要实现经济的独立。每个人必须有自己的底蕴，也就是底线。在没有充分了解现状的情况下，不要轻易做选择，凡事求稳。

问：您为什么选择了现在所从事的行业呢？

答：首先是因为祖父也是从事相关行业，我从小就对现在从事的行业有所了解。其次，兴趣是最好的导师，我从一开始就坚定了自己努力的方向，并有为之努力的决心，考取各类证书，充分地融入这个圈子。选择这个行业，也是因为我认为这个行业值得投入时间和精力，是未来我能赖以生存的行业，它具有不可替代性，是一个随着时间的流逝，价值不断增值的行业。

谦虚好学　坚持不懈

2008 级市场营销校友　宋宣

人物特写

　　宋宣，北京人，北京物资学院 2008 级市场营销专业校友。勺子课堂创始人，大学期间担任学生会主席。品途网主编、合伙人，搜狐 IT 记者，自媒体"巴人"。2016 年，参加"餐饮百老汇"北京站活动。

　　先后供职于品途网、搜狐、《中国企业家》杂志社、人人网等公司，任虎嗅、钛媒体、今日头条、搜狐 IT、techweb、亿邦动力等 10 家媒体专栏作者。

　　2015 年 3 月，创办餐饮行业产业媒体"掌柜攻略"，是掌柜攻略创始人，同年 6 月获得天使轮 200 万人民币融资；2016 年 1 月，创办"勺子课堂"，同年 6 月获得千万人民币 Pre－A 轮融资；2016 年 5 月，接受人民网《人民眼光》栏目独家专访；2017 年 7 月，撰写《从零开始做餐饮》一书，由中信出版社正式对外发行。

回忆大学时光

宋宣的大学本科专业是市场营销，他在大三时成为北京物资学院第十三届第二任学生会主席。他在一次北京"大骨班"（2010 级北京市大学生骨干培训班）的经历上，受到的影响颇大，因为他在那里遇到了很多品学兼优的学生会主席，觉得"人外有人，天外有天"。于是回到母校，他告诫自己的学生会同学，一定要谦虚，保持一颗学习的心是最重要的。宋宣在参加一次商业比赛的时候，全力以赴、精心准备，甚至周六日都不回家，在教室天天看报表做模拟练习，后来拿了全国第三名。也因这次比赛，他萌发了创业的想法，坚定了自己的信心，一定要创业。坚定的信念为他以后创业的执着打下了坚实的基础。

职业发展

宋宣在毕业后，首先从事了媒体相关的工作，去了《中国企业家》杂志社担任记者工作，接触了移动互联网相关领域，做过媒体人、主编以及合伙人等工作。后来开始关注餐饮行业，自己创业，做线上餐饮教育，并且打算把餐饮职业教育带入高等院校。以餐饮行业为例，学校教育是缺位的，导致餐饮行业无法形成很好的理论体系。中国所有的学历教育当中不存在餐饮管理专业，我们现在只知道一所学校有一个餐饮管理专业，但是招生情况并不是非常好。

他发现东海大学有一个餐旅系，可以从本科一直读到博士，王品集团很多的高管都是类似这些专业毕业的，包括台南的高山学校等，他们从学校里便有意识培养有关餐饮行业的专业管理人才。他也看到另外一点，今天的中国餐饮行业几乎没有教消费者如何创办一家店铺的书籍，即使有，这方面的书籍也并不多，且大多数都不成体系。

他所创办的勺子课堂是中国首家餐饮行业线上知识平台，目标是打造中国餐饮大学。

校友企业家课堂

宋宣非常支持母校的实践教学改革，认为引入业界实践经验丰富的校友导师授课，将有利于母校实现高水平应用型大学发展目标。宋宣为学弟学妹们带来的课程主题是"战略管理与创新创业"。

授课过程中，宋宣给同学们讲述了他大学生活以及毕业后几年来的创业历程和成功经验，从身无分文到获得 5000 万融资创业，从一个毫无经验的小伙子到一名自主创业的企业家，他给学弟学妹们真诚真挚地分享了自己创业路上的点点滴滴、辛酸苦辣、成功经验和实践体会，他以分享玄奘的故事，向学弟学妹们讲述了"不东"的含义，就是要坚持不懈地朝一个目标努力下去，始终如一。

这给同学们毕业以后求职带来了一定的启发，不能总是换工作，三心二意，这体现了自己的动摇之心，不是一个优秀的职场人。我们要找到属于自己的职业方向，并为之努力下去，坚持做一件事，大概率就会成功。

校友寄语

无论是毕业还是没毕业的同学，宋宣最想告诉大家的是，要永葆学生心态。

学习能力是十分重要的，尽可能养成多元的思维，不学习就等于"慢性自杀"。多看书开拓自己的思维，找到自己的兴趣点，并且还要有"不东"的情怀。

正如宋宣企业家课堂海报上写的"日拱一卒，功不唐捐"，我们不仅要善于学习，还要善于积累，勤奋好学，日积月累，为了目标坚持不懈、持之以恒，一定能到达成功的彼岸。

精彩问答

问：您认为大学生毕业实习是选择大公司比较好还是小企业比较好？

答：我推荐去大公司，这个我有坚定且明确的逻辑，就是"开眼"，可以更多地看到世界的样子，看到优秀的公司、优秀的企业、优秀的人到底是什么样子，这是非常关键的。因为大公司能把你自己"收拾"一遍，让你接受正规的工作培训流程，熟悉大公司企业文化，这是小公司不能带给你的，所以一定要去大公司。

问：自身背景重要吗？

答：背景不重要，刚一开始就不能有这样的想法。"背景就是天花板"，靠背景只会让你越做越差，关键是靠自己努力，背景可以是敲门砖，但绝对不是最重要的。

问：如何平衡学习和学生会类似活动的时间？

答：必须要把90%的时间放到学习上面，当学生干部要选择适合自己的，能够提高自己的，而不是浪费时间在无意义的活动上面。你最后留下来的眼界和知识才能让你毕业后找到好工作，认清自己的职业方向。

兴趣指引方向　志存高远求真知

2010 级物流工程校友　陈星浩

人物特写

陈星浩，河南洛阳人，北京物资学院 2010 级物流工程研究生毕业，北京中物汇智科技有限公司创始人兼 CEO。

回忆大学生活

2010 年，陈星浩考入北京物资学院物流工程专业（信息方向）攻读硕士学位。在北京物资学院求学期间，陈星浩目标清晰且坚定，对知识十分渴求。当问及研究生期间印象最深刻的一件事情时，陈星浩最深的感慨是"睡实验室"。当时他正在撰写专利与论文，对学习的高度投入使他觉得每天时间都不够用，索性他就直接将行李搬到实验室，实验室成为他的第二个家。正是在母校北京物资学院奋斗的日日夜夜给他的研究生生活留下了美好的回忆，也为陈星浩今后的工作奠定了坚实的基础。在研究生期间对陈星浩影响最大是他的导师，不管是导师对他所写论文或是定义问题的严格要求，还是与他一次次的长谈，陈星浩都受益良多。他很感激导师的敬业、严谨与认真。

职业发展

2012 年，陈星浩校友研究生毕业之后找到了一份不错的工作，进入一家央企上班。但慢慢地，他觉得这种朝九晚五的生活并不是自己想要的。2014 年，VR 技术开始出现在国内市场上，陈星浩结合自己的经历，提出虚拟技术可以运用到教育当中的想法，于是他辞去工作，找到志同道合的朋友、各领域专家同学组成现在的团队。在 2014 年 8 月成立了中物汇智，选择深耕 VR 教育领域。在务实精神的指引下，在这几年的发展中，中物汇智的员工中 80% 都是技术研发人员，且最注重的就是技术 VR 引擎的开发，针对 VR 产生的成本较高、内容缺少的问题做了很多深入的研发，构建出了 BTIM 系列教学体系。目前，中物汇智已取得软件著作权 20 余项、发明专利 2 项、实用新型专利 15 项，另外，已经成功获批国家高新企业、科技型中小企业等一系列殊荣。

兴趣是最好的老师

在陈星浩看来，兴趣是一个人最好的老师。陈星浩从小就喜欢接触一些新鲜事物，在他的头脑中经常会出现一些奇思妙想，也喜欢自己动手搞一下"小发明"，在陈星浩求学期间就获得了多项个人专利。兴趣也帮助他找到未来的方向。2014 年，VR 技术开始出现在国内市场上，陈星浩结合自己的经历，提出将虚拟技术运用到教育当中，解决一些教育上遇到的难题，如在大学教育中，学生想参观某个工厂，或者想要使用某件设备来进行学习操作，但受到各种条件影响，难以满足教学的要求。于是，陈星浩组织了专业团队，旨在解决教育领域的这些痛点。陈星浩在对学弟学妹的寄语当中也提到一定要根据自己的兴趣认真地去找自己的第一份工作。

校友企业家课堂

陈星浩非常支持母校教学实践改革，受校友办邀请他为师弟师妹们带来的课程主题为"虚拟现实与知识传递有形化"的课程。课程主要介绍了 VR 与 3D

技术对传统教育课程的影响以及作为中物汇智的核心产品"BTIM"市场的可行性与应用的广泛性。其中"B"指的就是 Builder，是他们最核心的一款虚拟引擎，可以简单地比喻为 VR 和 3D 结合的 PPT，其可以让一个完全不懂 VR 的人在很短的时间之内上手操作，做一款自己的 3D 或 VR 软件。"T"指的是教学内容，中物汇智目前已在"BTIM"解决方案内组成了 VR 和 3D 的生态圈，系统内老师和学生可以按需在上面方便地上传、下载各种资源。"I"指的是 Information，所有的数据在系统里都可以进行联通，而不像在商场里仅仅是用于观看那样初级。"M"指的是大数据，通过系统对老师及学生产生的数据进行数据挖掘。通过这门课程，陈星浩希望同学们用最新的思想和发展的眼光来看待自己所学的专业。

校友寄语

陈星浩寄语学弟学妹们："乘风破浪，把握时代；思辨质疑，志存高远；结果导向，力出一孔。"

陈星浩校友讲道，在刘丙午老师和李俊韬老师师门学习期间，老师严谨认真的教学态度，使他受益良多。比如，在撰写论文题目时，老师要求做到分毫不差，题目的每个字都要经受住三个为什么的考验。陈星浩感慨当前时代是一个快速发展的时代，技术才是决定一切进步的源泉。我们正处于一个经济化的转型阶段，要把握时代，掌握时代发展前沿。适时地停下来去反思、冥想、总结，想想自己当下真正该做的是什么，时常思辨。以结果为导向，力出一孔。认清目标，少说多做。当力出一孔时，力也会从力气变为"利"益或是"利"刃，这一点无论是在工作中还是在学习中都同样适用。

精彩问答

问：您对就业后跳槽的看法是什么？

答：首先要拥有对企业的忠诚度，其次要懂得"良禽择木而栖"的道理。在选择自己第一份工作的时候，首先去思考这是否符合自己未来的期望，要有自己的判断力。陈星浩是十分反对"先工作，后择业"这种观点的。俗话说"男怕入错行，女怕嫁错郎"，择业也是一样的道理。当入行前不知道自己真正想做什么的时候，紧跟时代大势选择自己的行业。入了行之后，找到自己的兴趣点时，就要去勇敢地追逐它。

问：结合您的经历，请您对刚入职的学弟学妹提一些建议。

答：首先，要埋头做事，做事要有契约精神，对自己领导部署的任务负责，这是最基本的职业素养。其次，刚刚毕业的同学要学会"直升机理论"，它的主要思想是想领导所想。当你对事情困惑、迷茫的时候，观察并学习领导的优秀习惯。将这两点学会，相信刚入职的同学会得到很快的提升。

后 记

感悟，意指对校友们的成长、成才经历有所感触、体悟。

经过本书编委会老师、同学们前后一年的编纂和修改，几经易稿，最终汇编出这本《感悟——北京物资学院校友风采录》。希望这本书能忠实地记录北京物资学院部分校友成长的点点滴滴、心路历程和感悟体会，记载物院人"敢为人先、追求卓越"的奋斗历程，展现北京物资学院校友风采。同时，也期望能通过这本书为在校大学生提供学长们的成长经验和总结感悟，实现用真实案例指引学弟学妹成长，发挥管理育人、三全育人的功能。

本书的出版工作得到了校领导的关怀和指导，校领导对校友的关爱和支持是对校友工作最大的肯定。同时被采访校友也给予了大力支持，提出了很多中肯的建议和意见，在此对他们表示衷心的感谢！由于时间仓促，书中错误之处在所难免，敬请读者批评指正。另外，部分采访学生撰稿人没有留下署名，在这里一并对他们的默默付出表达诚挚的谢意。

余茜

2020 年 10 月